人生の質を高める12の習慣

ライフクオリティ向上プログラム

ワタナベ薫

How to improve your quality of life

大和書房

ある日突然、別の人にはなれなくても、
ある日を境に、人生を変えることはできます。

やりたいことはなんでもやってみる。
会いたい人にだけ会う。
世間からなんていわれようが、
やりたくないことはやらない。
いつも気分よく過ごしているから、
素敵な人や物事が引き寄せられてくる。
こんな毎日にすることは誰にでもできます。

この本では、自分を根本から支えてくれる
「自己基盤」を育てる12のことについて、書きました。

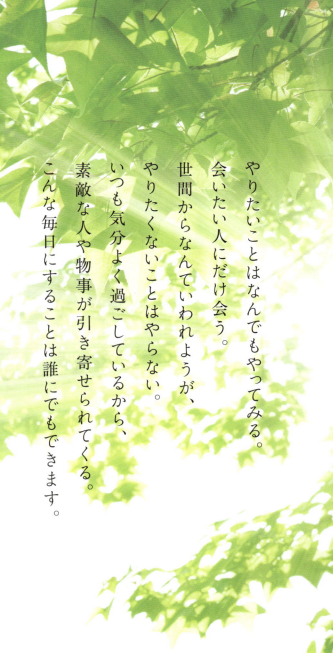

思考法
行動力
健康
美
感情コントロール
行動パターン

時間
お金
人間関係
習慣
願望
ミッション

自分がどのように生きていきたいか。
どんな毎日を送りたいか。
すべては自分で考えるところから始まります。

大人の女性として、
自分の人生を変えるのは自分だけだと、
もう一度肝に銘じましょう。

そして、一度きりの自分の人生を、
ワクワクと喜びに満ちたものにしましょう。

はじめに

「習慣」こそが人生をつくる

あなたは、自分の人生に満足していますか？

たとえば、あの人みたいな家に住みたいな。

あの人みたいな服を着たいな。

あの人みたいに好きな仕事で輝きたいな。

そんなふうに思って自分を振り返るとため息が出てしまうことはありませんか？

この本は、そんな人が「今日から私の人生こそが最高！」と胸を張って言えるようになるために書きました。

自分らしい人生、毎日が心の底から楽しいと言える人生を歩むためには、自分の本当に望むものを知らなければなりません。「自分はどう生きたいのか」「自分はどうありたいのか」、それを明確にする必要があるのです。

自分を幸せにしてくれるものに囲まれ、自分を大切にしてくれる人とだけ付き合い、人の目を気にせずにやりたいことにチャレンジできる人生は、自分でつくるものです。

そうはいっても、人生を変えるなんてとても大変な作業に思えますよね。

自分のことばかり優先したら、人間関係がこじれるのではないかと心配になるかもしれません。

でも、実はそんなに大変なことではないのです。

人生というと大げさに聞こえますから、ここは海と船にたとえてみましょう。

海の上に浮かんでいる巨大なタンカーを想像してみてください。現在の主流であるタンカーは30万トンサイズ。長さは東京タワーと同じ333メートル、横幅60メートル、深さ29メートルというものです。

さて、この大きなタンカーの向きを変えたい時、どうすると思いますか？

こんな大きさですから、向きを変えるのも当然10メートル以上の巨大な舵が必要になります。水圧も相当なものですから、舵を動かすためにはかなりの力が必要になります。でも、大勢で「せーの」で動かすなんて非効率ですし、そのためだけに乗組員を増やすわけにはいきません。

そこで登場するのが、「トリムタブ」と呼ばれる小さな舵です。

トリムタブは大きな舵の先端についている小さい舵で、一般的な船の舵と同じように、ごく普通の力で動かすことができます。このトリムタブを動かすと水流が変わるため、てこの原理で大きな舵の向きも変えることができるという仕組みになっています。

このタンカーを私たちの人生に置き換えてみると一つの真実が見えてきます。

人生の進路を変更しようとする時、初めから全力で大きな変化を起こそうとする必要はないということです。

むしろ大きな変化を求めることは、多くのエネルギーを消費するだけでなく、なかなか動かない舵を前にしてモチベーションまで低下することになりかねません。

しかし、トリムタブを使えば、普通の力でできる小さな進路変更が、やがては大きな進路変更へとつながっていきます。

人生の質を向上させるのもこれと同じ。すべては「小さなよい習

慣」から始まるのです。

さて、あなたもご存じのように、私たちの人生は、多くの習慣によって成り立っています。

一日は、朝歯を磨くことに始まり、朝食を食べ、毎日同じルートで会社や学校に行き、決められた時間だけ勉強したり仕事したりして、同じルートで帰ってきます。そしていつもと同じようなテレビを見て、お風呂に入って、寝ます。これらは全部習慣です。

もしこの一つ一つの習慣の質を高めることができたら、毎日に変化が起こり、やがてあなたの人生のクオリティは全体的に向上するはずです。

そして、もしそこに新しい習慣を一つでも二つでも増やすことができたら、人生はどれだけ変わるでしょうか。

「習慣」が変われば、「毎日」が変わります。

きっと一年後には別の人生になっていることでしょう。

つまり、人生そのものが変わるのです。

質を高めた習慣、また新しい習慣によってつくられた人生は、あなたに「大きな自信」を与えてくれます。その自信は、たとえ落ち込むことがあっても自分は必ず立ち上がれるという確信とともに、ずっと自分を支えてくれるのです。

人は自分の心がけ次第で、いつからでも生まれ変われるのです。

行動すれば何かが変わる!

人生を変えるためには「考え方」を変えることが必要です。

しかし、人や物に対して反射的に心に浮かぶ気持ちや、ネガティブな妄想を消すのはとても難しいこと。心の操縦は、とってもやっかいです。

ただし、コツがわかれば簡単にできます。

詳しくは本文で説明していきますが、前提として大切なのは、「行動する!」と決めること。

行動は確実に変化を促し、結果も目に見える形でわかりますから、次の行動へのはずみもつき、モチベーションも上がります。そして、変化とともに「私だってやればできる」と考え方も変わっていくことでしょう。だから、自分が「いいな」と思ったことは、パッとつかむ、すぐやってみる、そんな行動のクセ付けから始めていきましょう。

これまでなかなか行動できなかった方は、「石橋を叩いて渡らないこと」自体が習慣化している可能性もあるのではないでしょうか。

振り返って、自分にそのような行動パターンがあると思うなら、行動パターンの調整をする必要があります。

明日からやろう、来週からやろう……そんなことを思っているうちに、私たちはどんどん年をとってしまいます。「決めたらすぐに行動する！」。これを合言葉にして、本書を読み進めてくださいね。

この本は、考え方、人間関係、時間の使い方、お金との付き合い方など、一章ごとに違うテーマで自分を変化させるテキストと、ワークが載っています。

このワークはできるだけ実際に書きだしてみてください。

文章化してみると目標が明確になり、目標が明確になると決意ができ、決意ができると行動へと移せるようになります。**頭の中のことを書き出してみることは、脳と潜在意識へのインプット作業となる大切な行為です。**

もちろん、できなかった自分に後ろめたさを感じたり、育児でヘトヘトになってワークまでできないという場合は必ずしも書かなくて大丈夫です。できないことを気にしすぎないようにしてください。

もし、一人になってノートとペンに向き合う時間がどうしてもとれないという場合は、心の中でその答えを言うようにしてください。可能ならブツブツと声に出して言ってもいいでしょう。

ぼんやりとまとまらない思考を放置するのではなく、答えを出してみることが大切です。

私も勉強する時は、車の運転中や家事の最中、入浴中のオーディオブックを利用することが多々あります。こういう時にはペンを持つというわけにはいきません。

ただ、しっかりと頭の中に答えを思い浮かべるだけでも脳と潜在意識へは十分効果があります。

そもそも本書を手にとってくださったということは、人生に変化を起こすために前向きに行動している証拠。そんな自分に自信を持って、できる範囲で取り組んでください。

それでは、自分の人生や生活の質を向上させ、喜び溢れるあなた自身の可能性に、トリムタブを使って一緒に漕ぎ出しましょう。

人生の質を高める12の習慣

ライフクオリティ向上プログラム

目次

1章

「モノ」と「付き合う人」を減らして思考をシンプルにする

生活する上で、
そして人生を歩む上で、
あなたの生活基盤となるもの。
それがシンプルな思考法です。
掃除や整理整頓をしながら
頭の中も整理し、
いつでもその状態を
キープできるようにしましょう。

モノを減らすと頭が整理される

この章のテーマは「思考をシンプルにする」ことです。

頭の中のネガティブな声や妄想を整理するには、次の二つのことをシンプルにする必要があります。

一つ目は、「環境をシンプルにする」ということ。

二つ目は「人間関係をシンプルにする」ということです。

シンプルとは、もともと「簡単」「簡潔」「偽りのない」「飾りのない」などの意味。つまり、「ごちゃごちゃしていないこと」です。

ところが実際の生活では、物は増え、人間関係は複雑化し、仕事や家事が山積み。「もう全部がイヤ！」という状態になったことがある人は、私をはじめ、たくさんいることでしょう。

つまり、物にしても人間関係にしても〝多い〟ということが生活を複雑にし、問題をややこしくしているのです。

ここでは「シンプルイズベスト」をモットーに、環境も人間関係も単純になるよう整理してみましょう。

8割のモノは使っていない⁉

最初に「環境をシンプルにすること」を考えてみましょう。

ある調査によると、年収2000万円以上の人の約70パーセントは、自分が集中できる「環境づくり」に努めているそうです。

これにならって、目指すところは集中しやすい環境をつくること。物を整理……できれば減らして、身のまわりをスッキリさせること。そして、それをキープすることを目標にしましょう。

たとえば洋服にしても靴にしても、いつも着用している物を思い浮かべてください。それは、持っている服や靴のうち、2割程度ではありませんか？　私はこれを「8対2の法則」と呼んでいます。

逆にいえば、あなたの持ち物の8割は使われていない可能性が高いということです。高価なパーティードレスやビジュー付きのパンプスなどは、何年も手にとっていないということはありませんか？

シンプルにするということは、これらの使っていない服や靴を減らす作業をコツコツ行っていくということです。

「でも、いつか使うかもしれないので、捨ててしまったらいざという時に困ります！」というセリフが聞こえてきそうですが、大抵の場合、その〝いつか〟はやってきませんし、もしその〝いつか〟が来たら、その時はレンタルですませる手もあるのです。

東日本大震災の後、形ある物に執着することのむなしさを感じた人も多いと思います。もう時代は、物質から内面の充実へと移行しています。自分が管理しやすい程度まで物を減らして、生活をシンプルにしていきましょう。

着ていない服の置き場所にも家賃を払っているわけですから、処分すれば家も広くなり、ふだん着る服が出しやすくなります。毎日の着替えの際にどれを着ようかと悩む時間が少なくなり、収まりきらないたくさんの服へのストレスが減り、選択肢もお気に入りの数点に絞られているので、いつも自信を持ってコーディネートできます。

服や靴に関しては、**「二年間一度も袖を通していない服、または履いていない靴は処分すること」を徹底しましょう。**

一番労力がいらない方法は捨てることですが、捨てることが精神衛生上ストレスに感じるという方は、誰かに使ってもらう方法で考えましょう。お友だちにあげたり、リサイクルショップに持っていってもかまいません。とにかく家の中から出してしまうのです。

決心がついたら間髪いれずに、服や靴をリサイクルショップに持っていく日、ゴミに出す日を決めて、カレンダーに書き込みましょう。

服だけでなく本も同じです。

シーズンごとに一回、リサイクルショップに持って行くと決めるといいでしょう。

これらがちゃんと習慣化すれば、自動的に家に物が溢れなくなります。

「すぐやる掃除」なら労力は3分の1

掃除に関しては次の部分を考えてみてください。

あなたが今いる場所は、綺麗ですか？　それとも物が溢れていますか？

引出しを開けると、書類や郵便物がごちゃごちゃしていませんか？

何年も見てもいない紙類が、棚の奥に押し込まれていませんか？

掃除の仕方は、人それぞれやり方があります。

一日中掃除に徹する人と、一日一時間、または三十分だけ、と決めて短時間に集中して定期的にやる人。

ちなみに私の場合は、こまめにやるほうが性に合っています。

リビングの棚だけ五分とか、今日はデスクの上だけ五分などを日課とするのです。

こうしたことがストレスなく続けられるように物を徹底的に少なくしたので、整理整頓や掃除にもさほど時間はかかりません。

床や棚に物が溢れていると、拭く前に片付けなければなりませんよね。それがどうしてもストレスで、ある時から見えるところにほとんど何も置かないことを徹底したのです。すると、思いついた時にすぐ拭けるので、掃除のハードルがずいぶんと下がりました。

その他の掃除に関しては、ひどく汚れる前にすることを鉄則にしています。

お風呂掃除はお風呂に入った時やあがった時にやりますし、洗面台は使うたびにサッと拭きます。

床に物を置かないようにしているので、床掃除はモップで３ＬＤＫの部屋すべてやっても十分かかりません。いたってシンプルです。

コンロまわりも、熱いうちにすぐに拭くので、油がはねたとしてもすぐにとれます。ゴシゴシこするような力も時間もかけません。

トイレはカバーもかけないし、飾りの小物も置かないようにしているので、掃除も短時間ですみます。

あなたも綺麗にしたい場所のリストアップをして、それぞれの場所を整理整頓、掃除をするのにどれくらい時間がかかるのか、そして、その時間を一日のうちの、または一週間のうちのどこにするかを決めて、すぐに手帳やカレンダーに書き込んでください。

書き込んだら、その予定に忠実に従いましょう。「私は綺麗好きで勤勉である!」と自分に言い聞かせながらやると効果的です。

綺麗をキープするたった一つの方法

掃除すれば一気にピカピカにできるけど、一週間もするとすぐまた元に戻ってしまう……という人は、次のことを徹底的に頭にたたき込んでください。

それは、「使ったらすぐに元の場所に戻す」ということ。当たり前ですが、これが片付けの基本です。

小さなお子さんがいらっしゃる方は、お子さんがおもちゃで遊び終わったら絶対に片付けることを教えてください。お子さんがまだ赤ちゃんだとしても、です。

言葉でどういうふうに片付けるのかを伝えながら、お母さんが楽しそうに片付けるのです。今教えることで、小さいうちに片付けの習慣が身につけば、あなたの将来の労力がかなり減ります。

たいていの家の混乱は、お母さんが片付けても子どもが散らかす、の繰り返しで、いつしかお母さんが諦めてしまうから起こります。ぜひ自分のみならずお子さんにも、そして家族全員にも、「使ったら元に戻す」の習慣化に協力してもらいましょう。

「今日ご飯を食べる人」は、「十年後も付き合っていたい人」ですか？

さて、もう一つのシンプルにしたほうがいい分野は、人間関係です。

複雑な人間関係は、私たちのメンタルも複雑にします。行きたくないけど行かなくてはならない付き合いの飲み会、心地よさを感じない友人と過ごす時間、グチばかり聞かされている長電話……。

もちろん人は一人では生きていけませんから、人との付き合いやご縁は大切にすべきものです。しかし、自分のエネルギーが吸い取られるような人々といつまでも時間を共にするのは得策ではありません。自分の人生を誰かのためだけに消費するなんて、もったいないと思いませんか？

もちろん会社や仕事上のお付き合いも、ご近所とのお付き合いもあることでしょう。すべてを断ることはできないかもしれません。それでも、すべての誘いに乗る必要もないはずです。

変わり者と言われようが、偏屈《へんくつ》と指を差されようが、あなた自身が心地いい時間を過ごしたほうがよっぽど有意義な人生です。

こんなふうに自分に聞いてみましょう。

今、あなたがお付き合いしている人々は、十年後も二十年後もずっと大切にしていきたい人ですか？

それとも、いなくなっても痛くもかゆくもない人ですか？

むしろ付き合いがなくなったらスッキリする人ではないですか？

もし、自分の身のまわりの人間関係が大好きな人ばかりで、ずっとご縁を大切にしていきたい人ばかりだったら、どんなに素晴らしい人生だと思いますか？

私たちの幸福感の大部分は、いい家族関係や人間関係があるか否かにかかっているのです。人間関係については、流されずに一度、真剣に考えてみることをおすすめします。

人間関係をシンプルにすると新しい風が吹く

もしも付き合いたくない人がいた場合は、上手に距離を置きましょう。いつもあなたを悩ます人がいなくなったら、毎日のストレスはビックリするほど軽くなることを約束します。

お付き合いをやめようと決める時には、周囲の人の評判が気になったり、本人にショックを与えてしまうことを思い浮かべてくじけそうになるかもしれませんが、それはあくまであなたの頭の中の妄想。妄想を膨らませるのはやめましょう。

思考をシンプルにして、ただ自分に聞くだけです。

「その人と付き合っていきたい？　それともやめたい？」

「そこに行きたい？　それとも行きたくない？」

これに対する自分の答えに従うのです。

ただし私たちは大人ですから、上手に断る術《すべ》を知っておく必要があります。枕詞《まくらことば》を添えたり、言い回しを変えるだけで、ソフトに言いたいことを伝える方法はたくさんあります。それらの「大人の技術」を十分に駆使して、無用な波風は避けましょう。

環境も人間関係もシンプルになると、新しい風が舞い込んでくるようになります。そしていい習慣に支えられたあなたは、ベルトコンベアに乗っているかのように新しいステージへ自動的に運ばれていくでしょう。

「はじめに」でもお伝えしたように、初めから大きな変化を望む必要はありません。トリムタブのように、まずは人生がシンプルになるような、小さな新しい変化を起こしてみてください。

そしてそれを習慣化させることに集中してみましょう。

WORK
1

生活をシンプルにするために、手放すものは何ですか？
あなたが心から大切にしていきたい人と、
距離を置きたい人は誰ですか？

2章

「欲しいもの」を手に入れる行動力アップ法

何か新しいことをする時に
ついブレーキをかけてしまうことは
ありませんか?
その理由は、リスクを考えて
怖がってしまうから。
しかし、いつも怖がっていたら、
行動を起こさないまま
人生が終わってしまいます。
ここでは、大切な時に
ブレーキをかけないような
心の準備を学びます。

「やらない」イコール「行動力がない」ではありません

この章のテーマは「行動力を高める方法について」です。

行動力がある人とない人とでは、人生が１８０度違うと言ってもいいくらい差が出ます。

同じ環境で、似たような容姿を持つ二人でも、行動力のある人のほうが断然チャンスをつかみやすく、大きな成功を手にするようになります。「成功者とは、行動力のある人である」と言っても過言ではありません。

しかし、行動には必ずそれに伴うリスクがあり、そのリスクが行動に制限をかけることがあります。不安な気持ちでアレコレとリスクを考えていると、だんだん当初の熱意が薄れてきて、結局動けなかったというパターンに陥ってしまうのです。

こうなると、何かをしようとするたびに「考えすぎて行動できなかった時のこと」が失敗体験として頭に根付いてしまい、「あ〜、私は行動力がないんだ」と自分にラベルを貼ってしまうことになります。

実は、行動力のある人は失敗も多く経験しています。

行動力のある人とそうでない人の違いは、ただリスクを受け止める心の準備ができているかどうかだけなのです。

たとえば、アメリカの有名な発明家、トーマス・エジソンは、生涯で１３００を超える発明をしましたが、彼の成功は多くの失敗によって生み出されたものです。たった一回の成功を手にするのに、何百もの失敗を重ねてきたのです。失敗を恐れて行動に制限をかけたりしなかったのです。彼自身「失敗なんかしちゃいない、うまくいかない方法を７００通り見つけただけだ」と言っています。

恋愛は行動力がものをいう世界

私の知り合いの例でいえば、行動力で結婚した女性がいました。

彼女は30代に差しかかった時、強い結婚願望を持ちました。「30歳の今結婚できなければ、この先もっともっと結婚できる可能性が少なくなっていく」と考えたのです。

容姿はご本人曰く、あまり男性ウケがいいほうとは言えず、性格は少しネガティブでした。しかし、結婚に関してだけは前向きに行動しました。

まず、自分の友人すべてに「誰か男性を紹介してほしい」とお願いしました。彼女に「好みのタイプは？」と聞くと、「そんなこと言ってたら結婚できないから、とりあえずバイトでもいいから『仕事している人』」と、ストライクゾーンもかなり広く設定していました。

そして、「この人いいかも……」と思った男性には、必ず思いを伝えました。撃沈してもかまわず、すぐに次の人を探し、いいと思った人には毎回告白しました。

もちろん、それだけですぐにうまくいくわけではなく、告白しては断られるというのが二年ほど続きました。つらかったと思いますが、**彼女の中では「断られる」というリスクは最初から想定ずみだったから、恐怖を感じずにどんどん行動できたのです。**

最終的に何回断られたのか、私には聞く勇気がありませんでしたが、彼女から「結婚したい」と聞いてから二年後、とうとう彼女は本当に結婚しました。

ダンナさんは大学院に勤めている、とても優しい男性でした。彼女は、「断られる」というリスクを何度も乗り越えて、二年で念願だった結婚に至ったのです。

もし、彼女が必死になって行動しようとしなかったら、もしかしてまだ独身だったかもしれません。この話は十年以上も前の話ですから、今頃は40代独身という可能性もあったのです。

「リスク」と一緒に「メリット」も書き出す

逆に、行動しなかった人の例もあげましょう。

たとえば、私の身近にこんな人がいました。

私がコーチングの仕事で成功している様子を見て、自分もコーチになりたいと思った人がいました。

コーチになるには、スキルを学ばなければなりません。そのスキルを学ぶのに60万円ほどかかります。

その人は、60万円も払ってもしもコーチになれなかったら……なったとしてもクライアントが見つからなかったら……見つかったとしても、クライアントに成果を出してあげられなかったら……とリスクを数え上げていました。まだ資格もとらないうちから不安のタネを探していたのです。

何もしないうちからどこまでリスクを考えるのだろう？　と思いましたが、彼女はリスクを書き出して、やっぱり難しそうだから学ぶのをやめるという結論に至りました。

迷った結果、何も手にしない道を自ら選んだのです。彼女の言葉を借りれば「現実的な選択」だそうです。逆に私に憧れてコーチになり、たった一カ月で学びに支払った分を回収できた人はたくさんいます。

私たちは、どうしてもリスクを大きく考えてしまう傾向にあります。

これは事実です。

そして、本来リスクを書き出すことは悪いことではありません。

しかし、**そこに重きを置きすぎると、行動力の低下を招きます。**

よく言われるのが、何か新しいことを始める前に、石橋を叩きすぎて壊し、結局渡れなかったというもの。

これを避けるためには、リスクを書き出したら、それを回避する方法もセットで考えること。また逆に、行動することで得られるメリットを書き出すことも必要です。

「快」と「不快」がスイッチになる理由

では、行動するためにもっとも必要な「動機」について考えてみたいと思います。

人が行動する根本的な理由は二つ。行動しないことで招くリスク――ここでは〝不快〟とします――を回避したいという願いと、逆に行動することで得られるメリット――ここでは〝快〟とします――を求める気持ちがあります。

わかりやすい例で考えてみましょう。

ダイエットという行動があるとします。

そもそもどうしてダイエットしたいのでしょうか？

ダイエットしなければ太ってしまって見た目が悪いから。

健康を害し、病気になるリスクが高まるから。

身体が重くて疲れやすくなるから。

手持ちの服が入らなくなったら不経済だから。

こうしたことが肥満におけるリスク、〝不快〟の部分です。

では逆に、ダイエットすることで得られるメリット、つまり〝快〟は何でしょうか？

見た目が美しくなること。

身体が軽くてフットワークも軽くなり、毎日がラクになること。

健康的になり、長生きにつながること。

人に褒められて恋が始まる可能性がアップすること。

満足感や幸福感がアップすること。

これらのメリット、つまり〝快〟があるから、人はダイエットしたいと思うのです。

ダイエットそのものはつらくても、不健康に太りすぎている人を見て「ああはなりたくない！」という〝不快〟と、健康的な体型の人を見て「ああいうふうになりたい！」という〝快〟が、私たちを行動へと促すのです。

なかなかダイエットが続かない人は、ここの部分の想像力が乏しいと言えます。

ただただ「ダイエットしなきゃ」「痩せなきゃ」と思うだけでは、つまずいた時にすぐに立ち上がれずに今までの行動パターンに戻ってしまいがちです。人は誰でも習慣になっている行動を続けたがるもの。これは、人間の本能のようなものだからしかたありません。

だからこそ、快と不快をしっかり見つめて、意識的に行動を自分でコントロールすることが必要なのです。

新しい習慣を一カ月続けたらどうなっているかを想像する

私も今から7、8キロ太っていた頃にダイエットしましたが、その時も〝快〟と〝不快〟をしっかり見つめ続けることがモチベーションのキープにつながりました。

私の場合、最初は〝不快〟を認識することから始めました。

というのも、当時通っていたウォーキング教室の先生の美しい姿と自分の姿かたちを鏡で見比べた時に、脳と心に衝撃が走ったのです。

「醜い！　私の身体、醜すぎる！」

実はこの頃は、自分の身体がもう少しイケていると思っていたので、現実を見た時の衝撃はとても大きなものでした。ショックで何日も鏡で見た自分の身体の映像が頭から離れず、私のダイエットへの決意はどんどん強まりました。

行動しなければ今の体型のままだ……それどころか、数年後にはもっとたるんで体型がくずれていくだろう、今行動を起こさないと！　と心の底から思ったのです。

そして〝快〟として、先生の美しい姿を見て、「ああいう体型が手に入るんだ！」と思うことでがんばり続けることができました。

このように、行動した時に手に入る〝快〟と、行動しなかった時に感じる〝不快〟の部分を自分でしっかりと意識することは、私たちの行動モチベーションをキープする上でとても重要です。

さらに、もしそのまま行動しないで一年が過ぎ、二年が過ぎ、三年が過ぎたら、自分はどんなふうになるだろうか？　逆に、その行動をした時に自分はどうなっているか？　をリアルにイメージすると効果的です。

もしもその行動が一カ月間続いたら？　半年続いたら？　そのまま一年続いたら？　どんな変化があるか、想像してみてください。


さて、みなさんはどんな行動をしたいですか？

行動といってもピンキリです。家に帰ってきたら靴を下駄箱に入れる、という小さな行動から、起業することや転職するなどの大きな目標もあります。

みなさんは、どの分野で行動を起こしたいと思っているでしょうか？

ちなみに、この手法は一年間の目標を達成する上でも使えますし、三年後、五年後の大きな目標を達成する上でも使えます。

その際、最後のゴールを設定した後に、一年ごと、半年ごと、一カ月ごと、と目標を細分化して行動を小さく設定すると、ハードルが下がって行動しやすくなります。

また、目標と同時に、具体的に行動のリスクとメリットも書き出してみましょう。

一カ月後の自分は、今日の自分の行動次第です。ぜひ、取り組んでみてください。

WORK
2

どんなことを習慣化したいですか？　いつからしますか？
行動することで得られる〝メリット〟と
行動しなかったことで発生する〝デメリット〟を
書き出してください。

3章

「美」と「安定した心」を手に入れるための健康

人生は健康な身体が
土台となって成り立っています。
もっと自分らしい人生を謳歌するために、
自分の身体を大切にする
食生活や癒し方を考えます。

「健康はあなたの人生で何番目に大切ですか？」

この章のテーマは「健康は人生の土台である」というものです。

何をするにも身体が動かなければチャレンジできませんし、意欲も落ちてしまいます。毎日を楽しむためにも、美しさのためにも、健康は欠かせない土台です。

「あなたにとって健康は大事ですか？」

この質問をすると、ほとんどの人は「はい」と答えます。ところが、

「では、何番目に大事にしていますか？」

と聞くと、優先順位にはかなりバラつきが出てきます。きっと優先順位が低い人は、

「わかってはいるけど、他にも大切なことがある」というところでしょう。

多くの人は、健康が失われてからどうしようかとあたふたするものです。

でも、この機会によく考えてみてください。

もしあなたの健康が失われたら、まわりの人にどのような影響が及ぶでしょうか？

あなたの大切な家族を守ってあげることができなくなるかもしれません。

愛する人と一緒にいることができなくなるかもしれません。

大好きな旅行にも行けなくなるかもしれません。

好きな食べ物を制限しなければならなくなるかもしれません。

そして、それだけではありません。

あなたの大切な人を悲しませたりすることにもなりかねません。

多くの人は、他の人のことを優先して大切にすることはできても、自分のことを大切にできていないのです。

病院は、あなたの病気を治してくれるところではありません。病院は、外科的に悪い部分を手術で取り除いたり、痛みを軽くする薬を投与してくれたり、症状を和らげる処置をしてくれるところです。

最終的に病気を治しているのは、自分の身体なのです。もし自分の自然治癒力が弱ければ、病気に負けてしまうこともあるのです。

ですから、私たちは自分のためにも、まわりの大切な人のためにも、自分で自分の身体をいい状態に保つよう努めなければならないのです。

あなたの健康度がわかる10の質問

本書では、細かいウンチクについてはあまりお話ししません。私はお医者さまでもありませんし、おそらくみなさんは既に健康情報について、よく知っているはずだからです。

それよりも、あなたのモチベーションを高め、心身ともに偏りのないバランスのとれた美しい人になることをゴールにしたいと思っています。

まず、私のコーチングでは、クライアントさんに健康の基盤を整えてもらうことを目標としています。次にあげたものは、その際に行う健康的な生活度のチェックです。あなたはいくつチェックがつくでしょうか？

- 定期的な運動の習慣がある
- 体の不調がどこにもない

- BMI値が体重（kg）÷（身長（m）×身長（m））＝18・5〜25未満である
- 年一回は健康診断を受けている
- 食生活のバランスがとれている（スナック菓子やファストフードに偏らない）
- 定期的に歯科検診に行っている
- メンタルが安定している（いつもストレスフルではない）
- 質のいい睡眠をとっている

チェックリストの利点は、自分に足りないものが一目でわかることです。チェックのついていないところを改善しようと考えると、課題が明確になってどう行動すればいいか見えてきます。

私のクライアントさんには、三カ月間の間に、この項目にできるだけ多くチェックが入ることを目指してもらいます。ハードルが高いように見えても、多くの人は、三カ月の間にほとんどチェックがつくようになります。

なぜそうなるのかというと、向上意識が芽生えるからです。

お金を出してコーチングを申し込んだこと。また、自分の人生を向上させることについて考えるようになったこと。これらを続けているうちに、人生の土台となる健康の重要性に自分で気づいていくようになるのです。

お酒もタバコも、絶対にやめなきゃいけないものじゃない

健康といえば「食生活」と「運動」ということは、耳にタコができるくらい聞いていることでしょう。女性らしく美しくいるためにも、食生活と運動は最優先事項です。

食生活は、女性らしい身体つき、肌ツヤ、健康的な血色にかかわってきます。

そして運動は、ランニングなどの有酸素運動では体力がつき、筋トレなどの無酸素運動では美しい筋肉がつくられ、同時に分泌される成長ホルモンによって美肌になっていきます。身体の線もキープでき、美しい体型維持にもつながります。

それでも、どうしてもお酒やタバコをやめられないとします。

その場合は、やめた時のメリットとデメリット、そしてやめなかった時のメリットとデメリットの両方を書き出してみて比較することをおすすめします。

書き出し作業をすることのメリットは、感情抜きで分析できることです。感情ではなく客観的な事実を見つめることで、自分がどこに価値を置いているかを一目で判断することができるのです。

もしタバコによる気分転換がとても大切だと思えたり、お酒をやめることで人生が灰色に見えてしまうようなら、そのままでいいのです。それらは、まだあなたにとって本当にやめる時期ではないということかもしれません。

でも、美容や健康面が改善されることのほうに価値を感じるのであれば、今が改善するターニングポイントだということです。

多くの人が健康に関することをないがしろにする理由は、感情のみで判断しているからです。「面倒くさい」「どうせ無理」「つらい」などの「気持ちの理由」がメインになっているのです。

でも書き出してみると、そういったネガティブな感情抜きで人生において価値を感じるポイントが見つかり、変わろうというモチベーションが生まれます。少しの時間ですむので、ぜひ書いてみてください。

身体を動かすと心も変わり、外見も変わる

次に考えてほしいことは、チェックリストの7番目にもある、メンタルの健康についてです。

人は、肉体と精神のバランスがとれていて初めて健康と言えます。いつもストレスを抱えている人は、外見にも必ず表れます。目つきやお肌、姿勢にも影響を与え、やがて必ず身体全体に不調をきたします。そうなっては、バランスのとれた美しい女性になるのは難しいことでしょう。

健康的な食生活と適度な運動をするようになると、不思議なことに身体と比例してメンタルも一緒に改善されていきます。逆に精神が健全になると体調もよくなり、向上意識が芽生えると食生活や運動にも気を使うようになるので、肉体も健康になって

いくのです。

肉体と精神は連動しますから、メンタルが弱い人でも運動の習慣があるならば、その運動の回数と質を改善するだけで、身体のバランスがもっとよくなり、引っ張られてメンタルも健全になっていきます。

背筋が伸びて胸が開く姿勢になると呼吸が通るので、脳に酸素がいくようになって、結果的に気持ちも明るくなってきます。

もしかして、この本を読んでくださっている人の中には、何かの持病をお持ちの方もいるかもしれません。しかし、それが人としての美しさを奪うわけではありません。精神的に健康でさえいれば、持病と上手に付き合い、その中でも自分を成長させていくことができるからです。

また、ストレスを取り除く手段をあらかじめ持っておくことも、とても大事なことです。なぜならば、何か新しいことをしようと思っても、毎日疲れ切っていては、何もする気が起きないのが当たり前だからです。

ですから、あらかじめ自分にピッタリなストレス解消法を見つけておいて、**疲れたな〜と思ったら、機械的に自分にとってのストレス解消法を実行す**

ることをおすすめします。

五分だけでも外を歩くとか、コーヒーを淹れて飲むとか、五分だけストレッチをするとか、面倒に思えても「身体を動かすこと」で気分を変えましょう。

ネガティブマインドの人なら「身体を鍛える」ところから！

当社でアルバイト勤務をしている男性の経験をお話ししましょう。

アルバイト君は、48歳の独身男性なのですが、うつ病と重度の花粉症の持ち主でした。彼とはかれこれ十年来の知り合いだったのですが、口を開けば「どうせ僕なんかいなくてもいいんだ」とか「死にたいと思ってるんです」という言葉が出るほど、自他共に認めるネガティブ全開の人でした。昔のあだ名は、「ため息のタメヤン」だったそうです。

そんな彼は、パソコンオタクだったので、うちの仕事を手伝ってもらうことになったのですが、アルバイトとして雇うことが決まった時に、同時にジムにも行ってもらうことにしました。なぜなら、顔は青白く、ペラペラの細い身体で、いかにも体力がなさそうだったからです。端的にいえば、当時は精神も肉体も弱い人でした。ですから、仕事を長く続けてもらうためにも、ジム通いをすすめました。

初めはジムのトレーナーさんも、今までのお客さんの傾向からして、すぐに辞めるだろうと思っていたようです。でも、彼はがんばって続けました。

そして一カ月もすると、徐々に変化が現れてきました。まず顔色がよくなり、ため息が減りました。

花粉症の季節が始まると、いつもは完全に鼻がつまって口だけの呼吸になっていたはずの症状が、かなり緩和されたというのです。以前は三日で一箱のペースでティッシュが無くなり、夜も寝られず、顔もむくみ、すべてのやる気がなくなっていたそうですが、その年からはずいぶんとラクになったようでした。

ちなみに、私の夫も重度の花粉症でしたが、野菜ジュース生活を始めてからは、かなり改善され、ジムに通うようになってからは、ほとんど気にならないレベルにまで改善されています。

そしていちばんビックリしたのは、入社して二カ月した頃に、アルバイト君のジムでの身体つきが逆三角形になって、背筋がビシッと伸びていたことです。

先ほど述べたように背筋が伸びると胸が開いて呼吸が整い、脳にしっかり酸素がいってメンタルが前向きになります。なんと目力まで出てくるのです。もちろんため息もほとんどなくなりました。

ジムのトレーナーさんも彼のことをとても褒めていて、彼にとってはもちろん、私にとっても運動の効果の大きさを実感する出来事となりました。

最近は、テレビでも健康に関する番組が多いので、知識を持っている人はたくさんいますが、実践している人はまだまだごく少数です。

生産性の高い活動は、いいエネルギーバランスによって生まれます。ぜひこの章を励みにして、健康的で快活な、エネルギー値の高い生活を送ってください！

WORK
3

今日からはじめる健康習慣は何にしますか？
すぐにスケジュールを手帳に書き込みましょう。

4章

「本当の美しさ」を手に入れる

外見から見える美しさと
内面からにじみ出る美しさ。
二種類とも手にした人だけが、
年齢を重ねるごとに
魅力を増す女性になります。
ここでは、両方からのアプローチで
美について考えます。

最近オシャレしてますか?

外見を美しく整えておくことも、人生の質の向上には不可欠です。

自分を愛している人は自分に手をかけます。自分を愛することができるのは、メンタルが安定している証拠です。

あなたも覚えがありませんか? 精神的に余裕がない時の自分は、服装に気を配らなくなり、メイクもおざなりになり、太ってしまっても気にしない。髪型はいつもボサボサのままで、美容院に行ったのはいつだったか思い出せない……。

でも、本当に自分を大切にできていれば、暴飲暴食はしないでしょうし、美味しくて身体にいいものを選んで食べるでしょう。綺麗に装ってあげたり、疲れてきたらマッサージに行って労《ねぎら》ってあげたり、ストレッチしてほぐしてあげたりと、自分自身のメンテナンスをするはずです。

つまり、外見美というのは健全な精神の現れ、内面が最初に現れる部分なのです。

ということは、逆の作用も起こります。

ちょっとへコんでいたりしても、キラキラした物を身につけたり、丁寧にメイクしたり、美容院で素晴らしく自分に似合う髪型にしてもらったりすると、途端にメンタルも変わるのです。

自分を変えたい、気分やモチベーションを変えたいと思った時には、外からのアプローチと内からのアプローチの二種類があるのですが、たいてい内側からのアプローチは、変化にとても時間がかかります。でも、**外見からのアプローチをすると、一瞬で変化が起こります。**たとえば赤色を着るだけで活動的になったりもするのです。もちろん効果は短期的ですが、結果が出るのも速い。だから、内からと外からの両方からのアプローチが必要なのです。

私の場合は、へコんだら寝てしまいますが、長くへコみが続いていたら、立ち上がって「セレブごっこ」をして元気を出します。これは、既刊にも書いてありますが、キラキラした物を身につけて、持っている中で一番いい服とバッグを持って、サングラスをかけて外出するというもの。これだけで、かなり気分が変わってモチベーションが上がるのです。

落ち込んだ時ほど明るい色の服を着て〝色の効果〟を使ってもいいし、お気に入りのワンピースとハイヒールでホテルのラウンジでお茶をするなどの気分を上げる行動も大切。ぜひトライしてみてください。

ファッションのアップデートはシーズンごとに！

私は、外見美のアップデートのために、ワンシーズンに一回はショッピングに出かけます。疲れていても、忙しくても、ワンシーズンに一回なら出られますよね。きちんと外出して、お店で接客してもらって買うことを大切にしているので、通販ではなく外出がマストです。

もちろん、必ずしも買わなくてもOK。最近は、洋服を買うことが極端に減りました。その代わり、品質がよくて、本当に自分が気に入ったものだけを買うようにしています。そうすれば、ムダに洋服も増えず、部屋も散らからず、コーディネートに迷うこともなく、いつも気に入った服を着ることができます。

いつも同じ服では恥ずかしいなんて思うこともなくなりました。かの故スティーブ・ジョブズだっていつも同じ服でしたが、そのことで彼がマイナスのイメージを持たれたことはないですよね。いつ会ってもイメージが一定で、似合うものだけを着ていることが、真のオシャレ。気に入った服やコーディネートは、何度着てもOKと私は考えています。

靴はシーンによってハイヒールとペタンコの靴をはきわけますが、やはりたくさんは持ちません。歩きやすくて美しいヒールは真剣に探しますが、一度見つけたら色違いを買ってはくようにしています。長く歩く足と靴とのお付き合いは本当に大切。たとえ美しい靴であっても、歩くことで自分の足にダメージがあったり、歩き方が格好悪くなるようではもったいない話ですから、丁寧に吟味します。

これらは私のルールですが、みなさんもぜひ自分のルールを考えてみてください。自分で自分を気分よくしておくためにも、外見に手をかけることは面倒がらずにトライしていきましょう！

女性の真の魅力とは？

そして、ここからは内側からのアプローチのお話。

昨年私は二人の美しい女性と会いました。二人とも40歳手前くらいでしょうか。二人には共通点があります。どちらもノーメイクで飾り気がなく、ざっくばらんな話し方、しかし、それでいて言葉一つ一つに愛が満ちています。どちらの美人さんも白衣を着用しています。私には、本当の「白衣の天使」に見えました。

お一人の女性は、獣医さんです。

私の愛犬を人間のように優しく扱い、励まし、そして治療しているその真剣なまなざしから、優しさと強さと美しさを感じました。

特にメイクしているわけでもなく、髪型もひっつめているだけ。それでも、久しぶりに「なんて美しい女性なんだろう！」と感動しました。何かに打ち込む姿というのは、言語化できないような凛とした波動がびんびんと出るのです。

もう一人は鍼灸《しんきゅう》の先生でした。

こちらの方も、本当に美しい人。

特別、美しい所作や言葉遣いではないのに、それでも美しさが漂っていました。患者の身体を思いやるその気持ちが、一つ一つの言動に現れているのです。何も飾り立てないのに、ナチュラルビューティー。そこには凛とした魅力が漂っていたのです。

人は、愛に満ちている時、真剣な時、好きなことに夢中になっている時、どんなメイクをするよりも、どんなアクセサリーをつけるよりも、美しくなるのです。逆に、どんなに美しく装っていても、心にゆがみがあると、外見にも波動にも現れてしまいます。

……と言っても人間ですから、弱さゆえに心のゆがみが出ることもあります。

しかしながら、その自分のゆがみを嫌って隠そうとするのではなく、受け入れながらもよりよい方向へ向かおうとする時に、新しい魅力へと転換することができるようになります。

自分の中にあるネガティブなところ、弱さ、もろさ……それらを知っていると、他の人にも優しくなれます。こういう許容量の幅や優しさが、魅力につながっていくのです。

ゆがみを魅力に変える方法

時には自分には偏った一面も「ある」と知り、認めながらも否定せず、受け入れて調整していくのも大切。女性は、本人が「これは私の欠点だ」と思うようなところも魅力になりえます。

たとえば、女性に優しさを求める男性は多いです。しかし、なかには気の強い女性が好きな人もいます。

嫉妬深い人は嫌われると一般的には思われがちですが、なかには嫉妬深い女性が好きな人もいます。

男性的な女性に魅力を感じる男性もいます。

審美眼も好みも一致しないからこそ男女が出会い、そして伴侶になるのですから。

女性で魅力のない人はいません。

ただ、自分の魅力に気付かない人は本当に多いもの。

もし、自分にたった一つでも二つでも、これは私の個性だ！　と思うところがあれば、どうぞそこをもっと伸ばして、表現して、目立たせてみてください。

負けず嫌いなところも、強気なところも、嫉妬深いところも、我が強いところも、ちょっと複雑な性格も……誰かにとっては愛しい存在だったりするのです。

まずは、**自分の偏った部分を認め、嫌いであっても「人間臭くていいじゃないか！」と、愛おしく思ってみてください。**そうやって本心から自分のゆがみを受け入れられた時に、ゆがみは魅力に転換していくのです。そして、まっすぐな気持ちで何かに打ち込むことができるのです。

さきほど書いたナチュラルビューティーな二人の女性を見て、飾り立てる外見美だけが「美」ではないと、改めて実感しました。

外見は、自分を愛するために丁寧に。人を不快にさせないために綺麗に。そのうえ、誰かに優しくしてあげたり、心を尽くして接していたら、50歳、60歳になってもずっと綺麗な女性でいられるはず。

むしろ、女優さんでも、年齢を重ねたほうが綺麗になった人っていますよね。

自分に似合うものを知っているから外見美をコントロールでき、内面では、自分の人生で大切にしていることを何歳になっても追い求めている人。若さでは追いつけない魅力は、日々の自分の過ごし方で決まるのです。

WORK
4

あと20パーセント美を底上げするとしたら、
何をしますか？

5章

「人間関係」で悩まない方法

「人間は違っているから面白い」
まずは互いの違いを認められるように
なることからスタートしましょう。
違いが認められれば、
苦手な人も気にならなくなり、
その人の価値観を
尊重できるようになります。
そのためにどんな視点を持つべきか
考えます。

自分は「味方がいない」と思っている人へ

この章のテーマは、「円滑な人間関係の構築法」です。

人が抱えるストレスの中でもっとも大きいと言われている人間関係の悩みを減らすことで、あなたの毎日はずいぶんとラクに、そして楽しいものになります。まずは、自分の身のまわりの人間関係について、一緒に考えてみましょう。

人間関係には二つの大きな障害があります。

ある雑誌の調査によると7割の人が「職場の中に自分の味方がいない」と感じているようです。これは、言い換えると「人と信頼関係がつくれていない」ということ。これが一つ目の障害です。

もちろん、職場に限ってのことではありません。家庭内、学校関係、サークル関係、友人関係などでも、「自分は理解されていない」と感じている人はたくさんいるのです。そして、なかには「別に理解される必要もない」と割り切っている人も増えています。

しかしながら、誰にでも「承認欲求」というものがあり、「人に理解されたい」「認められたい」という欲求があります。ですから、人は必ず自分を認めてくれる人をどこかに求めるようになります。そして、その欲求を満たしてくれる相手のことを信頼する傾向にあります。これが信頼に足る人物であれば問題はありませんが、言葉巧みにだますような人の場合、人生は大きく変わってしまいます。

二つ目の問題は、〝出る杭は打たれる〟ということわざがあるように、「他の人と違っている個性は受け入れられにくい」という世間の風潮です。**異質な存在を認めない社会の空気が、自由な人間関係を制限してしまうのです。**

妬まれたくない、揉め事に巻き込まれたくない、嫌われたくないという気持ちが、他人の目を必要以上に気にさせ、向上心を奪ってしまうこともあります。

これらの問題が解消されると、とても自由な気持ちでのびのびと自分の能力を発揮することができるようになります。そして、自分がありのままでいられると、自分とは違う他の人も受け入れることができるようになり、少しずつ新しい関係を築いたり、よりよい関係に発展させていくことができます。

さらに、他人の目線を気にする必要がないことを体感できるので、ますますラクになって、今まで目立たないようにすることに使っていたエネルギーを、自分を向上させることに全力で注ぐことができるようになるのです。

「アクティブリスニング」で相手を理解する

では、このコミュニケーションの二つの大きな問題、「誰にも理解されていないと感じること」と、「人と違うことに敏感になっていること」、これらの問題をどのように解決できるか考えていきましょう。

まず一つ目の、「誰にも理解されていないと感じること」には、どのように対処すればいいでしょうか？　前提としてちょっと考えてみたいのですが、そもそも相手を理解するのが先でしょうか？　それとも相手に理解してもらうのが先でしょうか？

コミュニケーションの大原則は、あなたもご存じの通り、耳に十四の心と書く漢字の、「聴く」ことです。相手の話すことに耳を傾けることが第一歩なのです。

これは「アクティブリスニング」と呼ばれていますが、日本語では〝積極的傾聴〟

と言います。アクティブリスニングでは、「いかに相手に理解されるか」ではなく、「いかに相手を理解するか」ということの重要性を教えています。

たとえば、アクティブリスニングでおなじみの、相手の言った言葉をそのまま繰り返す「オウム返し」などの傾聴テクニックも、相手にアドバイスを与えることを目的としているのではなく、相手を理解するためのものです。

ですから、まず相手を理解するように努めるならば、自分の意見や気持ちを言うのをグッとこらえて、相手の話を黙って聞くところから始めましょう。

スティーブン・R・コヴィー著『7つの習慣』という本の中にコミュニケーションについて次のような言葉があります。それは、「処方する前に診断する」というもの。

もしあなたが病院に行った時にお医者さんが症状だけ聞いて、あなたの年齢も持病も、アレルギーについても何も聞かずに、「最近流行っている病気の薬を出しておきますね」と言われたらどうでしょうか？　とても不安になりませんか？

また、デパートで洋服を見ている時に店員さんが、「お客様にはこれがお似合いですよ」と言って、好みじゃない服を突然すすめてきたらどうでしょうか？　その服を着るシチュエーションや、予算、好みなどを何も聞かないですすめられたら気分が悪いですよね。

通常は、「何かお探しですか？」という言葉から始めて、徐々にその人の求めているものを聞き出すはずです。

私たちは、つい相手の表面だけを見て判断してしまいがちです。でも、もっとよく相手のことを聞いてみたら、他に方法があるかもしれないのです。

もし私たちが相手のことをよく知らないままにアドバイスしたり、自分の判断で相手を評価したり、不躾《ぶしつけ》な探りを入れたりしたならば、きっと相手に不快に思われてしまうでしょう。

でも、信頼している人からならば、助言も受け入れやすく、気持ちを確かめてくれるような丁寧な質問にも快く答えることができます。

私たちは往々にして、この「相手のことをよく知ろうとするプロセス」をすっ飛ばして既に知っているような気になり、早く相手にも自分を理解して欲しいと望んでいる可能性があるのです。

四つの質問で人を客観的に理解する

まずは相手からの信頼を得るため、私たちはもっと相手の立場になって考えてみる必要があります。

できれば、相手に状況や気持ちを確認できるのがベストですが、そうできなくてもよく観察したり、人に聞いたりすることで、ある程度把握することができます。

もっと自分の情報不足を疑ってみましょう。相手の気持ちや望むものを的確に察してあげるためには、次のような情報が必要です。

- 相手がどういう立場の人なのか？
- どういうことを家族、または会社や部下から求められている人なのか？
- どういう性格、好み、気質がある人なのか？
- どういうコンプレックスを持っている人なのか？

これらがわかっていなければ、相手を本当に理解することなど到底できません。

逆に、これをわかってさえいれば、私たちは、関係を深めていくことができるのです。

ここで役立つのは、やはり紙に書き出すことです。

頭の中で意識的に相手の情報を整理してみようとしても、感情が入ってしまうと難しくなってきます。特に苦手な人のことを考える時は余計に感情が入り込みますから、感情を排除するためにも一度事実だけを書き出してみてください。

私たちは誰もが「別の世界」を見ている

では、次にもう一つの問題、「人と違うことに敏感になっていること」について考えてみたいと思います。

私たちは、必ず何かの集団に属して生活をしています。日本という国に所属し、会社組織、学校関係、家族関係や親戚関係という小さな集団まで含めて、たくさんの集団に属しています。

あなたが何か今までと違う新しいことをしてみたいと思った時には、それらの集団の人たちにどう思われるかを気にしたり、非難されることを心配するはずです。人は、次のようなことを考えた時に恐れを抱くようになります。

- 家族や親戚からの冷たい目
- 同僚や友人からの妬み、イヤミ、いやがらせ
- 失敗した時に笑われること

それゆえに、「今のままでいい」とか、「目立たないほうがいい」という小さな考えでまとまって、「行動を起こさない理由」にしてしまうのです。

心の底では変化を望んでいるのに行動を諦めてしまうと、何か新しいことにチャレ

ンジしている人や個性的な人を見ると、自分を非難した人たちと同じように非難して、攻撃してしまいがちです。

自分の価値観で「普通はこうするのに」という考えを当てはめて評価したり、助言してしまう可能性もあります。こういう考え方は、お互いの可能性の芽を摘んでしまうことにもなりかねません。

そんな時は、次の考えを取り入れてみると、だいぶ見方が変わることがあります。

それは、NLP（Neuro Linguistic Programming）といわれている神経言語プログラミングの中の、「人はみな、自分の地図の中で生きている」という考え方です。

私たちは、主婦として、妻として、学生として、会社員として、上司として、部下として……全員違う脳内地図を持っています。

これは指紋が誰とも同じでないように、一人も同じ地図はありません。脳内地図は、自分の過去の経験データと現在のデータに基づいてつくられ、自分のフィルターを通して見ているので、世界中で誰とも違う自分だけの地図なのです。

その地図は、他の誰も覗くことができないあなただけのもの。あなただけがその地図を生涯にわたってつくり上げ、地図に従って行動、決定をしていくのです。

さらに、ＮＬＰには、「地図は実際の地理ではない」という言葉もあります。地図は縮図であり、平面の紙でできていますから、実際のデコボコした地理と違うのは当たり前です。地図が実際の地理でないならば、私たちが地図を見て判断していると思っているものは、実際のものとズレるのも当たり前ということになります。

マザー・テレサにすら、反対する人はいる

たとえばＡさんという人がいたとして、ある人がＡさんはとても優しくて気の利く人だと言ったとします。ところが別の人は、厳しくて細かい人だと言うかもしれません。どちらが正しいでしょうか？

これはどちらも正しくないのです。

なぜなら地図は実際の地理とは違うからです。私たちが見て判断しているものは、すべて自分がつくり上げた仮想現実なわけです。映画「マトリックス」の世界ですね。

いくら自分が物事を客観的かつ冷静に見ていると言っても、反対意見を持っている相手もまた違う視点から、冷静かつ客観的に見ているのです。自分が持っている「普通はこうでしょ？」という価値観は、自分だけの〝普通〟であって、他人にはまったく通じないかもしれないのです。

つまり、他人の価値観を100パーセント信じる義務はなく、ましてて自分の価値観を人に押し付けたり、強要すべきでもないということです。

人はみなそれぞれ違っていて当たり前で、それを〝おかしい〟とか〝普通じゃない〟と言うのは、まったくもってナンセンス。もし自分の意見に同意する人がいたら、それは似たような脳内地図を持った人がたまたま近くにいたというだけなのです。

ですから、今までと違う新しいことをしようとした時に、誰かの目を恐れる必要はまったくありません。そもそも違っていて当たり前なのですから、必ず批判する人は出てきますし、応援してくれる人も同じくらいいます。

かつて、歴史に名を残すくらいの偉業を成し遂げた人たちは、みんな反対者がいました。

かのマザー・テレサでさえ多くの人に反対され、攻撃されながら、それでも自分の信念を貫き通したのです。そう考えてみますと、私たちが経験していることは、人類の歴史から見ても珍しいことではないんですね。

もしあなたの身近な人が何か人と違うことをしている時には、そのことに賛成できないとしても、非難する権利はないということを知っておきましょう。

賛成できなくても、その人の考えをただ受け入れてあげるか、スルーすればいいのです。そこに自分なりの考えや意見を入れずに、ただ聴いてあげればいいのです。

「なるほど、あなたはそういう考えで行動なさっているのですね」

それ以上でもそれ以下でもなく、ただニュートラルに受け止めてあげれば、とても平和的に付き合うことができます。

このことを知って、実際に平和的な人間関係を持てるようになると、あなたのまわりには敵と呼べる人がほとんどいなくなります。

人の意見に振り回されたり、一喜一憂することが減ります。

人のことを気にしなくなるので、敵にもならないのです。

ここまで読んでくださった人の脳は、きっとこれから人間関係が良好になるための地図を構築していくでしょう。

個性的な人を批判することもなくなるはずです。

そして、あなた自身も、ますます自由に、のびのびと、誰とも違う自分の人生を楽しんでください。

WORK
5

あなたの一番苦手なタイプはどんな人ですか？
その人のいいところを客観的に書き出してみましょう。

6章

感情に振り回されない女性になる

人は誰でも安定を求めます。
収入の安定、環境の安定、
人間関係の安定。
でも、なによりメンタルが
安定していさえすれば、
私たちは困難な状況でも
上手に乗り越えることができます。
周囲の出来事に影響されず、
自分を見失わない
メンタルの鍛え方について
扱います。

心が安定すると人生がラクになる

この章のテーマは「メンタルの安定」です。

私は、「メンタルの安定は人生のスタミナ」だと思っています。

人は、メンタルが安定していると、幸運が巡ってきた時にはチャンスをとらえやすくなり、ついていない時には粘り強く耐えることができるようになります。

この章では、人生を楽しむためには絶対に必要なこのメンタルの安定を得るためのポイントをいくつかご紹介しましょう。

まず初めに、「安定している」というのはどういう状態なのかを辞書で見てみましょう。安定には二つの要素があります。

1　いつも決まった状態を示し、激しい変動のおそれのないこと
2　少々の力を与えても、もとの状態にもどる性質を示すこと

この言葉の通り、心が落ち着いていて、激しい変動がない状態になれたらどんなにラクでしょう。

そして、まわりの人もラクですよね。突然テンションが高くなったり、そうかと思えば突然低くなったり、それが表情や態度にまで出ると、まわりの人は疲れてしまいます。**感情の波は小さいほうが、自分もまわりもラクなわけです。**

このメンタルの安定に必要な条件を、外的要因と内的要因に分けて考えてみたいと思います。外的要因では、

- 受け入れてくれる人がいること（自分の味方や応援者がいること）
- 自分がありのままでいられる環境であること

など。内的要因では、次の三点があげられます。

- 論理的に考えられること
- 自己肯定できていること
- 人生は100パーセント自己責任だと理解していること

「どう思われるか」を気にせず話せる人の存在

まず、外的要因のほうについてですが、身のまわりに自分を受け入れてくれる人がいることは、メンタルの安定に欠かせないものです。**誰か一人でも自分の気持ちや考えをシェアし合える人がいるだけで、大きな安心感につながります。**

私にとっては、この受け皿的な役割を果たしてくれているのが夫です。

彼には言いたいことを何でも言えますし、やりたい放題やらせてもらっていますので、相当な「人生のガス抜き」をさせてもらっています。そのため、私の場合は改めて他の人と食事に行って女子トークで盛り上がりたいとか、誰かにグチりたいという気持ちにならないわけです。

仲のいい親子や夫婦、仲のいい友人など、そうした補い合える関係を持っている人は、それだけでも相当なエネルギー源を得ているようなものです。

実はこの「受け入れてくれること」「ありのままでいられること」の二つの条件を満たしているものが、コーチングと言えます。

クライアントにとって、コーチは絶対的な応援者であり、ニュートラルな立場からアドバイスをくれる人です。ちょっと変わった価値観を持っていたり、偏った見方をしていたとしてもそのまま受け止め、クライアントにとってＹＥＳのことは、コーチもＹＥＳの立場からサポートしていきます。

だからこそ、クライアントは、自分の価値観が間違っているかもしれないとか、小さい人間だとか思われるかもしれないという心配がなく、思いっきり自己開示できる相手になるわけです。**絶対に自分のことを否定しない人がいるということは、大きな安心感になり、力になります。**

クライアントによっては、このことだけで行動力が増して、自然に自ら変化していく人もいるくらいです。

ですから、もしあなたのまわりに「ありのままの自分」を受け入れてくれる人がいない場合は、コーチをつけることをおすすめします。ちゃんとした機関でトレーニングを受けたコーチならば、相性さえよければ、きっと大きな力になってくれることでしょう。

また、私がコーチングをおすすめする理由のもう一つに、友人や家族とは違う関係性だからということがあげられます。友人や家族などのごく親しい人の場合は、すべてを受け入れてくれる可能性はありますが、**心配が先に立ってあなたの夢を否定したり、妬んだり、余計なアドバイスをすることがあり得るからです。**

もちろんそんなことをしない素敵な友人や家族ならば、どんどん話すのはいいことです。でも、なかにはそういう形で足を引っ張られていることに気づかずに苦しんでいるケースもあります。

コーチングのコーチというのは私情を挟むことはありませんし、余計なアドバイスをせずに、クライアントの内面にあるものを引き出すトレーニングを受けています。

ですから、クライアントがどんな変化球を投げてきたとしても、柔軟に対応でき、クライアントが本来望む道に導くことができるのです。

私のクライアントの中には、会社の経営をしている人もたくさんいます。

彼らは往々にして自分の気持ちを吐き出す場所がありません。社員に吐き出すこともできず、家族に話すこともできないがゆえに、コーチをつけている経営者はとても多いのです。

新たな視点をコーチングから得たり、ふだん心に溜まっていることを定期的に話すことによって、解決方法を導き出しているのです。

でも、コーチをつけることにとまどう人でも、客観的になれる方法があります。

それは、**ブログや日記を書くことです。**

友だちに知らせる必要もありません。ありのままを書きつづってみて、あとから客観的に読むだけでも、思いのたけを受け止めてもらった時のような自由な心を感じられるはずです。自分の思いをアウトプットしているうちに、メンタルの安定を得ることができるようになるはずです。感情の整理が苦手な人は、ぜひ試してみてください。

感情に振り回されないたった一つの方法

次は、内的要因の解決法。

先にお話しした外的要因よりも、はるかに重要なのはこちらです。

極端な話、内的要因が本当に満たされていれば、外的要因が整っていなくても物事の見方は調整でき、環境に順応できるようになるからです。

ここでは、先ほど挙げたメンタルの安定のための三つの内的要因について考えてみましょう。

- 論理的に考えられること
- 自己肯定できていること
- 人生は100パーセント自己責任だと理解していること

一番目の「論理的に考えられること」というのは、さまざまな意見に対して感情的な意見は置いておいて、事実だけを客観的に受け止める、ということです。

私たち女性は特に、論理的な思考を面倒臭く感じる生き物です。「だってイヤなんだもん」とか「いいじゃん、別に」とか、まったく根拠のない感情的な発言で物事を決めつけてしまう傾向もあります。

これは女性脳の特徴でもあり、その代わり直感が優れていたり、情緒が豊かであるといったいい面もあるのですが、感情を優先しすぎると理性が働かなくなるという弱点もあるのです。

それを補うのが、この論理的な思考、ロジカルな物事の考え方です。

自分でどうすることもできないなら、考えるのをやめよう

欧米では、小学校の時からディベート（異なる意見の討論をする）という科目があ

るために論理的な考え方に慣れているようですが、日本にはそのような授業がないため、余計に苦手な人が多いのかもしれません。

日本人は情緒豊かな国民性という評価を受けていますが、これに論理的な思考が加われば、右脳と左脳が両方とも活性化された、バランス感覚の優れた人になることができるはずです。

私はどちらかというと、今までは感情が先に立つタイプでしたが、コーチングの世界に入ってから、論理的な思考を自然にできるようになってきました。

以前は感情が高ぶった時に理由なんて考えたこともなかったのですが、今は、「なぜ怒っているのか?」と客観的に考えるクセがついて、その原因と解決策も考える習慣がついたので、感情がおさまらずに延々と悶々《もんもん》とすることがなくなりました。感情のピークさえ過ぎれば、すぐに冷静に考えることができます。

こうした論理的な思考を身につけるためには、さきほどからたびたび出ていますが、**実際に紙に書いてみることをおすすめします。**たとえば、私たちの身のまわりで起こるさまざまな事を考えてみましょう。

一般社会の情報を伝えるテレビでは、政治家や公務員の汚職、金融不安、犯罪、芸能人のスキャンダルなどがあります。自分の身のまわりでは、職場のうるさい上司、意地悪な同僚、冷めた夫に冷めた妻、子どもの反抗、ケンカ、病気などがあります。

これらのことでいちいち悩んだり、感情を害していたのでは、感情が振り回されてしまい、安定したメンタルとは程遠い状態になってしまいます。そこで、これらの物事を二つのカテゴリに分ける作業をします。

● 自分の力ではどうしようもできないこと
● 自分の力でなんとかできること

たとえば、どうしようもできないこととして、私たちのような一般市民が金融不安を解決しようとか、汚職をなくそうとか、犯罪者を捕まえようとか、そういうのはどう考えても無理なわけです。

また、自分の身に直接降りかかっているのではない、起きてもいない不安を次から次へと妄想することは、まったく無意味な作業になります。不安と恐れを増幅させるだけで、行動力と思考の幅を狭める要因にしかなりません。

一方、自分の力でなんとかできることというのは、うるさい上司と少し仲よくなってみるとか、ケンカした人と仲直りをするとか、病気にならないように運動するなどです。

私たちは、往々にしてはっきりとした理由もなく漠然と悩んでいたり、まわりの人の雰囲気に流されて思考を乱されているケースがとても多くあります。でも、この二つのカテゴリに分けてみると、あらスッキリ。半分くらいはどうしようもないことで悩んでいたと気づくことがあります。

あとは、簡単です。どうしようもないことは、考えるのをやめること。

よく自己啓発の本や教材で言われていることの中に、「テレビやラジオを見ない、聴かない」というのがありますが、あの目的は、ネガティブな話題で心が乱れるのを防いで、自分のエネルギーをより建設的な方向へ向かせるためです。

これはもちろん、社会がよりよくなることに協力しないことを推奨しているのではありません。事実を知った上で、それが自分の力の及ばないことであれば、それ以上考えるのをやめ、流れに身をまかせるとか、自分が協力できることで、したいと望む場合に限り、できることをしようと決めることです。

私たちのエネルギーは有限であり、時間も有限です。その中で、考えることや取り組むことが多ければ多いほど、エネルギーが分散されてしまいます。

それなのに自分を責めるような一人反省会、怒り、妬み、嫉妬、悲しみの気持ちを長い時間持ち続けること、解決策がまったく見えない問題を考え続けること、不可抗力と思われることに怒りの感情を持ち続けることは、いい結果を生み出さないのです。

何か目標を立てた場合には、その目標の数が少ないほど、達成の確率が上がります。同じように、私たちの思考はシンプルであればあるほど悩みも少なく、ラクに生きることができます。

「マイナスの感情」は時間を区切ってさよならする

マイナスの感情は悪いものではありません。マイナスの感情があるからこそ、逆説的に幸せがどういうものかがわかります。

問題なのは、マイナスの感情に長い間浸り続けることです。

私たちは完璧な人間ではありませんから、すべての物事に対して、平常心を保つことはできません。ですが、解決策さえわかっていれば、マイナスに傾いた心をゼロベースに戻す時間を短くすることは、誰でもできるようになります。

この解決策というのが、「常識にとらわれすぎない」ことです。これができるようになるだけでも、だいぶメンタルが違います。

自分を承認して、自己肯定感を持てるようになるには、ある程度の時間がかかります。セルフイメージも関係しているので、じっくり自分と向き合う必要があります。

ですが、論理的に考えてみることは、今すぐできることです。

書き出す行為というのは面白いもので、自分を客観的に見つめ直すだけでなく、ストレス軽減にもなると言われています。

人は、ストレスを感じる状況に置かれると、著しく脳の機能が低下します。ですが、その不安を紙に書き出すだけでストレスが減り、脳の機能が向上するという研究結果があるのです。

これは、同じ内容を他人に話すよりも効果的だそうです。

私たちはトレーニング次第で自分の力でメンタルの安定を手に入れることができます。外からの刺激に揺れることなく、元気に自分の人生を歩んでいけるよう、ぜひ取り組んでみてください。

WORK
6

今の自分にとって最大の悩みは何ですか？
その悩みを解決できるものと解決できないものに分けてみて、
解決できるものは、その方法論を書き出してみましょう。

7章

行動パターンを変えれば性格が変わる

「成功者にはパターンがある」。
多くの成功者がそう見抜き、
過去の偉人の行動パターンや
マインドを真似て成功していきました。
ここでは成功思考を脳内インプットして、
私たちも自分なりの「成功者」になる
術を学びます。

自分のどこを変えたらもっとよくなる？

この章のテーマは「行動パターンを変えることについて」です。

人の行動にはパターンがあり、多くの人が過去の成功者や、信頼する先人の行動パターンを真似たり、マインドを真似ることで、実際にうまくいくようになっています。

同じように、私たちもそのエッセンスを取り入れることで、人生に変化を起こすことができます。

それではまず本題に入る前にお聞きしたいのですが、あなたにとって「幸せになる人の条件」とは何でしょうか？　ここでいう幸せとは、経済的に豊かになるだけでなく、人間関係で悩みのないこと、夢や目標の達成などの成功も含まれます。

たとえば、うまくいっている人の特徴といえば、

決断のスピードが速い

● 行動力がある
● 素直である
● 謙虚である
● 人に与える精神がある
● チャレンジ精神がある
● 人の成功を手伝っている
● 直感が優れている

などがあげられるかもしれません。

このような特質やノウハウというものは、書店に行けば自己啓発のコーナーにたくさんの本が置いてあります。ネットで検索すれば無料の情報もたくさん探すことができます。もうこれといった目新しいことはないというくらい、情報は出尽くしているように思われるでしょう。

しかしながら、こうした本が毎年たくさん売れているということは、みんなが「望んだ状態になっていない」という現状を示しています。

なぜこんなに情報があるのに、多くの人は未だに自分の人生に物足りなさを感じたり、不満を感じているのでしょうか？

実は、先ほどあげたうまくいっている人の特徴は、シンプルなものです。うまくいっている人とそうでない人の違いとは、「行動しているかどうか」だけなのです。

もちろん最初にある程度の量と上質なデータのインプットをすることは必要です。でも、この段階では大きな差は出にくいものです。違いが出るのは、それを自分で考えながらアウトプットをしているかどうか。アウトプットによって頭の整理をし、また次のチャンスに生かせているかどうか。これを繰り返すことで、徐々に人生を変えていったのです。

一度でも行動してみれば、うまくいかなかった時はなぜか？　どうして他の人はうまくいっているのか？　を自然と考えるようになります。それによって、自分のどこを変化させれば、よりよい人生になるかを、常にアンテナを張って考えることになるのです。

天才には二種類いるといわれています。

一つは誰にもできないことができる天才。

もう一つは誰にでもできることを、誰もやらないレベルでやっている天才です。

前者は持って生まれた才能であり、後者は努力の賜物《たまもの》です。世の中の成功者、天才、カリスマと呼ばれている人たちの多くは、実は後者のパターン。私たちも真似できるものなのです。

レベルアップには「インプット」も「アウトプット」も両方必要

たとえば、何かの道を究《きわ》めた人を思い浮かべてみましょう。学問でも芸術でもスポーツでも、どんなジャンルでもＯＫです。

何かを徹底的に究めた人に共通している特徴は、トライ&エラーを繰り返したことで、**物事を一方向からだけ見るのではなく、多角的に見ることができるようになった点です。**

この材料を変えればもっと簡単にできるとか、ここをこう工夫すれば結果が速く得られるとか、腕をこのように振ったら自己ベストタイムが出た経験があった、など幅広い情報と経験を持っているので、さまざまな考え方から物事に取り組むことができます。

料理が上手な人のことを考えてみましょう。

誰だって、生まれた時から料理が上手だったわけではありません。恐らく最初は本を読みながら、あるいは誰かに教えてもらいながら、見よう見まねで覚えたはずです。調味料の種類や、香辛料の風味、火加減やタイミングなど数多くの情報を学び、覚え、味付けの微妙な加減も何度もつくるうちに感覚でわかるまでになったのでしょう。

これは料理の勉強というインプットと、実際に料理をするアウトプット作業、そして、自分で実際にやってみた経験値で情報が強化されて、アウトプットを洗練させていった結果なのです。

それと同様にぜひあなたも、得た情報をアウトプットしてみてください。誰かにそれを伝えること、すぐにそれを生活に適用してみること、ＳＮＳなどで発信してみること……。そのようなアウトプットは、あなたの得た知識を知恵に転換してくれるはずです。

経験を積むと「勘」がうまれる

人間関係が良好な人のことを考えてみましょう。

コミュニケーション能力が高い人は、無意識に相手の背景を読み取る能力に長けています。つまり、観察力に加えて洞察力に優れているのです。

会った瞬間から、視覚、聴覚などの感覚を使って、無意識にいつでも相手の情報を取り入れています。だから相手が望むことを瞬時に察知し、適切な形で差し出すことができます。人よりも取り込む情報量が多いから、その時の相手に合った対応ができるのです。

相手の情報を最大限に取り入れた上で、自分ができる最良のコミュニケーションを実践し、修正を加えていく。自分目線だけの狭い視野で相手を見るのではなく、視点をズラして多角的に分析しているから、だんだんと相手の気持ちを本当に理解することができ、受け入れることができるのです。受け入れられた相手は好意を持ちますから、自然と良好な関係が築かれることになります。

このような人たちに共通していることとして、メンタルのバランスがいい人が多いと感じたことはないでしょうか？　ネガティブすぎることもなく、ポジティブすぎることもなく、ニュートラルに近い。

バランス感覚がいいということは、物事を偏りなく見つめることができるということです。片方だけの意見ではなくて、いろんな角度から物事を見つめられるのです。つまり、コミュニケーション能力の高い人は、これまでさまざまな人たちと真剣にコミュニケーションをとってきたから、その経験値によって複数の角度から人の気持ちを予想する勘が養えたのです。

直感は、インプットしている情報の量に比例します。つまり、直感力の高い人は知識や知恵、経験をたくさん持っているから、瞬時に答えを導き出せるということなのです。

この情報を強化するために、フィードバックの検証が必要になります。フィードバックがアウトプットの基礎となります。

たとえば自分がつくった料理を家族に食べてもらって、とても美味しいというフィードバックが得られたとします。美味しいと言われたから他の日にも同じ料理をつくったのに、今度は「普通だ」と言われたとしましょう。この違いは何なのか？　調味料を入れすぎたのか？　火加減や調理のタイミングはどうだったか？　こういったことをなんとなくではなく、一つ一つ丁寧に記録に残していくこと。この積み重ねが料理の腕を上げ、次第に料理についての勘を養うことができるようになるのです。

これと同じで、仕事や生活、人間関係でもこのようなフィードバックの検証を丁寧にしていくことで、直感力を高めていくことができるのです。直感が優れている人は、このようなデータの蓄積が膨大にあるということです。

学ぶことをやめなければ、いつからでも変われる

このように、うまくいっている人というのは、勉強熱心、研究熱心な人が多いので

す。多くの人が気にも留めないようなことを、人に見えないところで熱心に研究しています。

また、インプットをするだけではなく、そこには必ずアウトプット作業が含まれています。何度も何度もアウトプットしながら練習することで、勘を養い、卓越した能力を身につけているのです。

本書でいうと、今読んでいる文章がインプット、そして、章の終わりについている質問に答えて書き出す部分がアウトプットになります。

このような機会がなければ、あまり自分の人生を振り返ってわざわざ書いてみることはなかったと思いますが、やってみることで自分にフィードバックを返していることになり、冷静に自分を分析できるようになります。脳内も整理できて、その結果として、自分自身が変化していくようになります。

人によって幸せの形は違いますが、自分が満足できるような人生を送りたい、何かを変えたいと思うなら、学ぶこと、そして実践し続けることを、やめてはならないというのが要点です。

学ぶことをやめた瞬間、進化が止まります。何も変わらない未来が確定します。

しかし、学び続けて得られたフィードバックを元に、変化して進歩しようと努力すれば、いつからでも未来は変わります。そして、この積み重ねが膨大な知恵となり、どんな逆境でも瞬時にはたらく直感をつくりあげます。

さらに、直感が優れてくると、決断のスピードも速くなります。

自分の身のまわりが安定してくると、今度は他人にも目を向けてあげられる余裕ができてきます。そうやって、うまくいく人生の条件がそろっていくのです。

進化し続けたい私たちは、これからもトライ&エラーをし続けましょう。

WORK 7

あなたがアウトプットしてみたいことは何ですか？
どんな方法でアウトプットしますか？

8章

自分のために時間を使うことを覚える

毎日を同じように
過ごしているだけでは、
新しいことに挑戦する
時間をつくることができません。
人生でいちばん重要な事に費やす
時間を多くとれるよう、
無駄な時間を排除していく方法を
学んでいきます。

「急がないけど本当に大切なこと」は何ですか？

この章のテーマは、重要なことをする時間を捻出するための「タイムマネジメント術」です。

私たちは、「毎日忙しい」という思い込みによって、「時間の奴隷」になっていることがあります。時間を管理するとは、本来自分が主体となって、時間を思い通りにコントロールすること。でも、強迫観念のように「時間がない」と思い込んでいると、時間に振り回されてしまうのです。ここでは、時間の奴隷にならず、時間を自分の従順な召使いとして管理する方法をお伝えいたします。

まず考えるべきは、自分にとっていちばん重要なことは何かということ。

重要だと思いながら、後回しにしていることはありませんか？

仕事や家事というのは、私たちの生活の基盤になっているものなので、それはそれで重要と言えるかもしれませんが、ここで言っているのは、今すぐにしなければならないわけではないものの、あなたにとって人生の中で「本当に大事なこと」です。

自分を成長させる学びや、自分が興味のあることにトライすること、女性としての美しさを維持することなどです。たとえば、

- 資格取得のための勉強をすること
- 習い事
- 読書
- 美容のためのメンテナンス時間
- ホテルのラウンジなどでのんびりくつろぐこと
- 映画を見ること
- 自然とふれ合うこと
- エクササイズやストレッチ、瞑想をすること
- ジムや整体に行くこと

こういったことがあるかもしれません。

しかしながら、これらは「今すぐにしなければならない！」というほど緊急度が高くないために疎《おろそ》かにしがちで、先送りしている人が実に多いのです。

何か別の用事が入った時に、これらのことを犠牲にして人の予定に合わせてしまい、そのままやらずに終わってしまったことはありませんか？

このような「自己を養うこと」は、自分のエネルギー値を高め、女性として輝いて、美しさをキープするのに大事なものであることはわかっているはずです。

でも何かあると後回しにして、何年も手を付けずに過ごしている……こういったサイクルというのは、結果的に自分の価値を下げてしまうことにつながっていきます。

しかし、思い出してみてください。何か特別なイベント、たとえば友人の結婚式やコンサートやライブ、海外旅行に行くなどの予定は、スケジュールを逆算してなんとしてでもいきますよね。一、二カ月前から予定を組み、予約をして、仕事の予定が休みに重ならないように早めに段取りを組み、人にお願いできる用事はお願いして、最大限の努力を払って調整するはずです。

そう、やろうと思えばできるのです。

そして、この方法こそが、時間管理の最重要な方法なのです。

つまり、あらかじめ自分にとって本当に重要な予定は先に入れて、その後で日常のやらなければならない活動を入れていくのです。これを私は「自分アポ」と言っています。

あるいは、仕事や家事などで時間が決まっているものに関しては、その前後の時間で必ず自分だけの時間をつくり、大事なことをする時間をとるのです。そして、それを絶対に守ることを決意するのです。

予定を組む時はまず「自分アポ」を最初に入れてみてください。そうすると、案外やらなければならないものも終えて、最後には帳尻が合うものです。

「美容デー」と「フリーな日」で自分を磨く

そんな私はどうしているのか、と思う方もいらっしゃるかと思いますので、私の一週間の予定をご説明します。

私は常々本業は週休五日だとブログでお伝えしていますが、コーチングのセッションはほぼすべて水曜日の早朝から木曜日の午前だけに集中させています。これは、週末に打ち合わせや取材、プライベートな予定が入ることが多いという理由もありますが、自分の時間を大切にするために決めていることでもあります。この基本の予定は多少のことでは崩しません。

金曜と土曜でジムやトレーニング、午後からはエステやネイル、まつ毛エクステの美容院などの用事を集中させるメンテナンスの日にしていますので、朝出かけて夜まで帰ってこないこともしばしばです。

残りの日曜日から火曜日までは、勉強したり、セミナーや商品のアイデアを考えたり、興味のあるセミナーがあれば出席してみたり、集中して学ぶことに費やせる時間としてとってあるのです。

また、出かけた時は必ず本を持って行って、時間が空いた時にはカフェやホテルのラウンジに入って、本を読みながらブログのネタを考えてメモしたり、iPhone に打ち込むということをしています。

私の毎日の中では、オンオフのスイッチという区別は特につくらず、すべての活動がつながっています。コーチングのセッションも、ブログの執筆も、ジムに行くことも、美容院も、エステも、勉強も、セミナーも、遊びも、すべて自らの向上と人生を楽しむということに集約されていますので、どれが億劫《おっくう》で、どれが気楽ということもありません。

仕事のアイデアもいつ思いつくかわかりませんし、あとで何がどうつながってくるかもわかりません。ですから、一般的に言われるオンオフのスイッチをしっかり切り替えるというよりも、楽しみながらすべてが自分の人生としてとらえているのです。

これは私の生活パターンですので、すべての方に当てはまるとは言えませんが、ある種の予定を一日に集中させたり、インプットのためのフリーの時間をあらかじめ設定しているという意味で参考にしていただけたらと思います。

もっとも多い時間管理の落とし穴は、「予定を完遂《かんすい》できない」というもの。計画はしたものの、取り組んでいるうちにたまたま目に付いた情報に気持ちが移ってしまい、そのまま脱線してしまうのです。

今日はクローゼットの整理と決めていたのに、やっているうちに目に入った本棚が気になってきて、クローゼットの整理を中断して本棚を整理し始めたら、その中のある一冊の本が気になってきて、つい読み込んでいたら一日が終わってしまった。ふたをあけてみれば、結局何もできなかった一日になってしまった。このようなことは、誰しも経験があることです。

このようにならないためには、あらかじめ対処方法やルールをつくることがおすすめです。**やり終えるまでは絶対にほかの事をしないと決意したり、誰かにやることを宣言して、終わったら報告するのも有効。**こうしたやり方を何度も繰り返して、自分に予定をこなすクセをつけましょう。

コーチングセッションでは、実行できたことを報告するだけで予定を完遂できるようになるメソッドもあるくらい、人への報告は効果があります。

時間管理のテクニックで**もっとも重要なことは、意識と行動を変えること以外にはありません。**

あなたにピッタリの方法を見つけてそれを実行すること。色々と試してみて、今までうまくいかなかったことはやめて、最善の方法を見つけることです。

先ほど述べた、自分自身を養うことや、女性としての美しさを維持すること。これらは、自分に長期的なメリットをもたらす大切な予定です。

好きでもない人に時間を奪われないで！

自分のための予定を優先させることは難しいと感じる人もいるかもしれません。人に頼まれたら断れないという人も多いと思います。

でも、それは思い込みにすぎません。

実は、**多くの人は、他の人からの断り文句の「予定があります」という言葉に意外と弱いものなのです。**ほとんどの場合、それを言うと、理由も聞かれずにＮＯの意見は通ります。なぜなら、どんな理由であれ、理由を出されると無意識に納得してしまうという人間の心理的特性があるからです。

たとえばママ友とのおしゃべり、会社の飲み会などというのは、簡単に断ることができます。「誘ってくれてありがとう。でも、ごめんなさい。予定があるんです」という断り文句さえ言うことができれば、たいていはＯＫです。

もちろんおしゃべりや飲み会が大好きで、何よりも優先したいというのであれば、行くことも一つの選択かもしれません。でも、そうでないのであれば、自分がなりたい将来を思い浮かべて、それに向かうプロセスと比較して、決めるようにするといいでしょう。

私は、自分にとって必要性を感じなかったり、気が進まない誘いに関しては、自分の読書の予定や自分を休めることを優先させます。その時も「ごめんなさい。予定があるんです」。たったこれだけですむのです。

先ほどの海外旅行のたとえのように、人というのは、自分が価値を置くものに対してはきっぱりと行動できるもの。

ですから、大切でないと思っている飲み会に嫌々参加しているのも、「他人に嫌われたくない」とか、「人からよく思われたい」というメリットを感じて、自ら参加している可能性があります。

でも、これからは「人から嫌われないこと」ではなく、「自分を高めること」に価値を置くようシフトしていきましょう。それができたら、どれだけ人生が豊かになるか考えてみてください。

「なりたい自分」から逆算して今の予定を決めていく

「なりたい自分」や「ありたい将来」を決めると、ゴールに向かうまでに細かいプロセスが発生します。私たちは、それを細分化して計画を立てねばなりません。

どういう資格が必要か？　どういう知識が必要か？　体力的にはどうか？　いろんな角度の情報を取り入れたら、まずは達成する期日を設定しましょう。

そうしたら、次にその期日から逆算してTo Doリストを作成し、予定を組んでいきます。これは、資産設計も、資格取得も、結婚も、仕事の独立も、すべて同じプロセスです。初めにゴールがあって、逆算して計画を立てるのです。

時間はすべての人に平等に与えられている資産です。　100ドル紙幣の肖像画になっているベンジャミン・フランクリンという偉人は、こう言っています。

「あなたは人生を愛しているか？　愛しているのなら、時間を無駄遣いしてはいけない。なぜなら人生は時間によってできているのだから」

ちなみに、勘違いされている方もいらっしゃるのですが、To Doリストには、普段のルーチンワークは書きません。

何時に起きて、朝食をつくって、何時に出社、などということは書かず、イレギュラーに入ってくる、または入れたい行動を書き込むのです。

そして、書くことはなるべく具体的な活動だけにします。「就職活動」とか「家の掃除」などのような大きな事柄ではなく、「ハローワークに行って企業に三件アポをとる」とか、「家のどことどこを片付ける」、というように、具体的にピンポイントに書きます。

そして、できれば**To Doリストは、前日の夜に書くことをおすすめいたします。**

そうすると、明日の予定をこなす決意ができ、明日の自分にコミットメントしていることにもなるので、翌朝のスタートが違ってくるのです。さらに前夜にそのTo Doリストを完遂しているイメージングをしたら、もっと予定をこなしやすくなります。

書く時には、一日にこなす量はせいぜい三～五個が限界なので、その程度におさえます。ポスト・イットに書き込んで、完了したら捨てるという方法でもいいですし、ホワイドボードに書いて消していくのでも、手帳に書いて二重線を引いていってもいいでしょう。やることを書きだしたら、そこに優先順位を書き込んで、その順番に行うことを徹底します。

完了した時に線を引いて消したり、ポスト・イットを捨てたりすると、達成感が高まて、大きな「やり遂げた感」を味わえるでしょう。

もし、数日かけて長くやり残してしまっているリストがあるなら、モチベーションが下がる原因にもなりかねませんので、それをさらに細分化してみるか、一旦消してしまうか、どちらかで対処しましょう。毎日同じ項目を明日に送るというようなことはやめましょう。

既にTo Doリストを十分使いこなせているという方は、一日をブロック単位で分けて予定を考えるように発展させてみるのも面白いと思います。

ブロック単位というのは、早朝、午前、午後、夜間などの大きな単位に、どれだけ予定を詰め込むことができるかを考えるということです。

時間管理のマトリックス

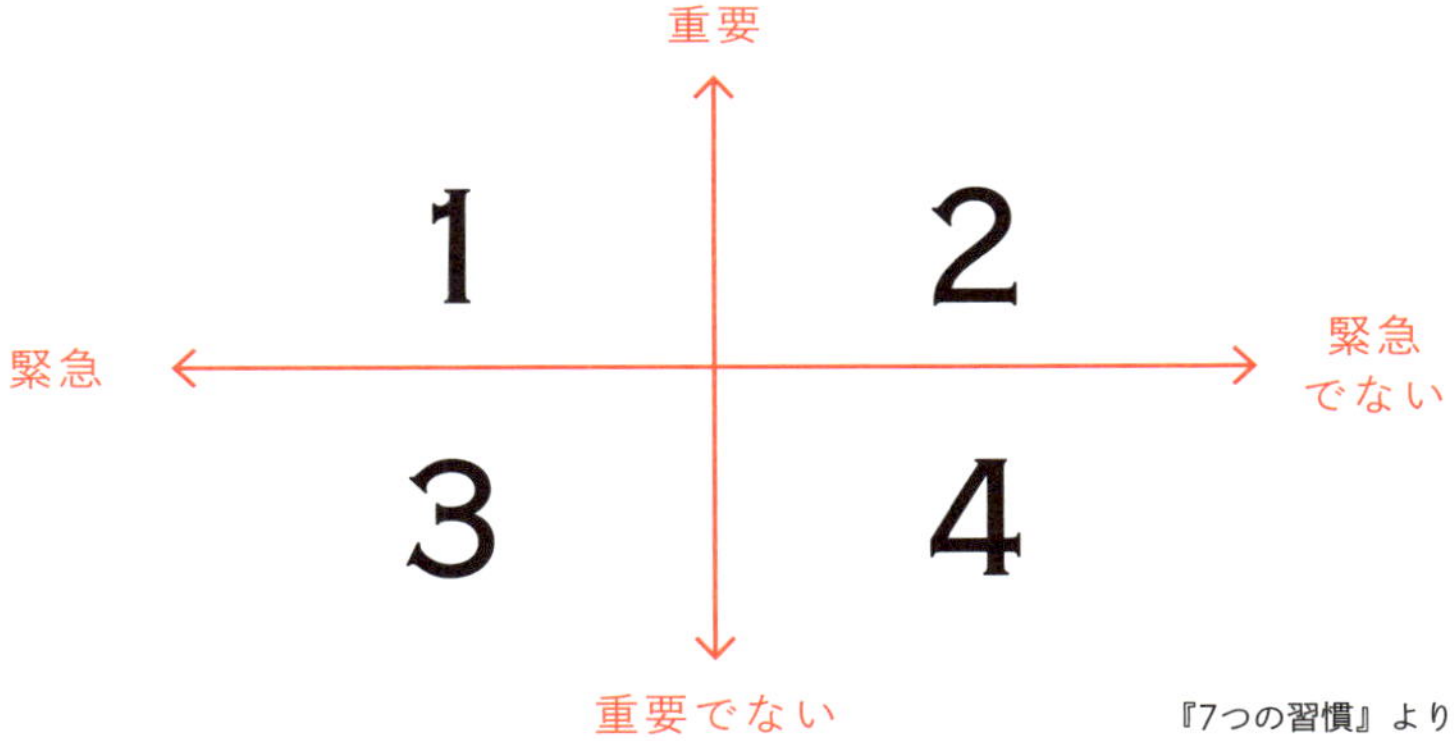

『7つの習慣』より

具体的にタイムテーブルをつくるのもいいと思います。何時から何時の間は家事の時間、何時から何時は読書、というように、一日の予定を立てて書き込むのです。

家の中でできること、外出が必要なもの、一人でできるものとできないものなどを考えながら、順番もよく考えてみてください。

こうして予定をつくってみると、まとまった時間を見つけやすくなって、毎日に充実感も出てきます。どうせやるなら一気に終わらせたほうが、後の予定に余裕ができて、気持ちもラクになります。

タイムマネジメントについて個人的におすすめしたいのは、先ほども紹介した『7つの習慣』という本の中の、「時間管理のマトリックス」です。

人生の中で、前ページの図に当てはまるものを書いてみてください。たとえば、テレビを見る時間は4の「緊急でもなく重要でもない」に入るかもしれませんし、部屋の合鍵をつくることは3の「緊急だけど重要ではない」に入るかもしれません。

でも、美容院に行くことが、2の「緊急でないけど重要」に入るなら、それを優先して行うと決めるのです。もしかしたら、4のテレビの時間を減らせば、簡単に美容院に行く時間は捻出《ねんしゅつ》できるかもしれません。

一度こうした時間と価値の整理をすると、人生を豊かにするための時間が捻出でき、行動力がアップしていくと思います。

WORK 8

あなたにとって重要だけど、
いつも後まわしにしていたことは何ですか？
今すぐ手帳の今週のどこかにその予定を入れてください。

9章

価値あるものにお金を使う

お金はとても大切なものです。
しかし、ただの紙切れになる
可能性もあります。
この章では、
私たちのお金に対する偏見を取り除き、
上手なお金の管理法や、自己投資術、
さらにはまわりの人々に与えることが
できるための豊かさを得る
方法を学びます。

自分の将来に投資する

この章のテーマは「本当のお金の使い方」です。

お金はとても大切なものです。

しかし、なかにはお金の扱いがとても難しいと感じている人もいます。

多くの人は、親や学校の先生から次のように教えられてきたことでしょう。

「無駄遣いをせず、一生懸命お金を貯めて将来に備えなさい」

ところが自己啓発を学んでいると、まったく逆に思えるような教えを目にすることが多くあります。

「お金はエネルギーなので、社会に還元し、回しなさい。そうすればどんどん豊かになります」

これは一見逆に見える考えではないでしょうか？　いったいどちらが正しいのでしょうか？

このことを説明するのに、「生き金」と「死に金」という言葉の意味を考えてみると、わかりやすいと思います。

「生き金」というのは、辞書によると「使っただけの価値が生じるお金の使い方」とあります。将来の自分やまわりの人に、いい形で戻ってくるようなお金の使い方です。

自己投資、つまり本を買ったり、セミナーを受けたり、会社に設備投資をしたり、またはお祝いとして贈るお金や、慈善団体への寄付金、大切な方の接待費など、自分やまわりの人を成長させたり、あるいは社会をよりよくするために使うお金のことです。

このようなものに使うお金というのは、プラスの気持ちを乗せて使うことが多いので、払う時の気分もよく、人からはいい意味で「金離れがいい」と言われたりもします。

とはいっても、セミナーは自分を向上させるための生き金だから、なんでもかんでも受ければいいというわけではありません。仕事だからといって、接待をじゃんじゃんやれば、絶対にうまくいくというわけでもありません。また、エステや、高いお酒を飲むこと、ブランド品を持つことは、自己投資だからどんどんすればいい、という話でもありません。

大事なのは、「なぜそこにお金を使うのか?」を明確にして、自分やまわりの人の成長につながるという確信をもって使えるかどうかです。

マイナスの影響を及ぼすお金の使い方

一方「死に金」というのは、蓄えるばかりで活用されないお金、または使っても効果がなくて、無駄になるお金のこと。

倹約を通り越してケチになり、できるだけ財布を開かないで残したお金のことや、人に不快な思いをさせてまで残したお金もまた死に金です。安いものを探して買ったけど使いにくくて、結局高い物を買い直したりするのも死に金です。〝安物買いの銭失い〟というやつですね。何の価値も生み出さないお金や、買っても買っても満足しないような物の買い方も入ります。とくに「死に金」の代表的なものがお金儲けを目的としたギャンブルです。

好きな物に囲まれる生活環境がメンタルに与える影響は大きく、そこから得られる恩恵というのはたくさんあります。心地よい気持ちやモチベーションアップ、癒しなどたくさんのメリットが考えられます。

ただ、形あるものは、いつか無くなることもあります。そうした場合、「自分の心に残るものは一体何なのか？」ということを考えておかなければなりません。

また、見返りを期待して人に与えたり、他人を思い通りにコントロールしたいと思って心理学やスピリチュアルを学ぶこと。これらは、期待しているような見返りや結果が得られない場合、自分にどんな影響を及ぼすお金になるのかを考えておかなくてはなりません。

執着するようなお金の使い方、執着するようなお金の貯め方こそが「死に金」であり、何も生み出さないばかりか、自分自身やまわりの人に対してマイナスの影響を与えてしまうことにもなりかねません。

「なりたい自分」を決めてお金を使う

では、どうやったら「死に金」ではなく、「生き金」を使うことができるでしょうか？

それには、自分がなりたい将来の姿を明確にしておかなければなりません。「なりたい自分」になるためにできる手段として、お金や体力というエネルギーを使うのです。あくまでも自分の人生が向上するようなお金の使い方を考えましょう。

自分の望む将来の姿は、人生のステージが変われば途中で変わることもありますが、それはかまいません。その時に過去の自己投資が無駄になるのかというと、決してそうではないからです。

故スティーブ・ジョブズが言っている通り、点と点が一つの線につながる時が必ずあるからです。点と点が一つの線につながるということを実感するためには、今、目の前にあるひとつひとつを全力でやる必要があります。今の仕事、趣味、勉強、そうしたものにベストを尽くして取り組む、そのためにお金を使うのです。

また、エステに行くこと、高級レストランに行くこと、海外旅行に行くこと、歴史的な建物を見に行くこと、芸術に触れることなどは、無意味な活動と位置付ける人もいますが、これらは自分の感性を磨いてくれる大切な投資です。

質のいい物を知っているから安い物のメリットやデメリットを理解できたり、一流の伝統文化に触れたことがあるから、普段の生活の仕方が丁寧になったりと、人生のあらゆるものを豊かにすることにつながります。このようなことを知ることで、感性の幅は、どんどん広がっていくのです。

たとえばスポーツカーが欲しいと思ったらレンタルして一度実際に乗ってみる。そうすれば、運転しづらいとか、やっぱり自分には合わないとか、それでもこの美しいフォルムが好きだから欲しいとか、今まで気づかなかったことがわかるわけです。一度実際に体験すると、乗ったこともないのにああだこうだ言うのとは全然違うことがわかるでしょう。これは、すべての物事に通じます。

あなたが自己投資していること、そして続けているものは、自分が納得するまでやってみないと自分にとっての本当の意味を見出すことができませんし、その先にあるものに気づくこともできません。

また、華道や茶道や書道、武道などの「道」という言葉がつくものは、みな一つ一つの動作に意味があり、その動作の中に人生が表れているともいわれています。

ただ言葉で聞いていても、その境地はやってみないとわからない世界です。ですからその境地にたどり着くために、お金と時間と体力を使うことは、決して死に金にはならないのです。

「お金を使う罪悪感」を手放す

私の場合、二〇〇六年にブログを始めた頃というのは、特に夢や目標があったわけではありませんでした。

ましてセミナー講師やコーチングのコーチをやるなどというビジョンはまったくありませんでした。ただ一つ決めていたのは、どんなに疲れていても毎日ブログを書くこと、そしてその内容はただの日記ではなく有益な情報配信に徹することでした。

もちろん、毎日情報配信するわけですから、新しい情報のインプット作業も必要になります。ある時から本だけでは足りなくなり、多くのセミナーに行き始めました。

ブログではアフィリエイトをやっていましたが、そこで得られた収入というのは、初期の段階ではほぼすべて本代やセミナー代に消えていました。とにかく面白そうとか、役に立ちそうだと思ったものは手当たり次第にチャレンジしていきました。

そうこうしているうちに、コーチングというものにたどり着きました。コーチとして生きていくことを決意した時には、やろうと思えば私はマナー講師にもなれましたし、イメージコンサルタントにもなれましたし、カウンセラーにもなることができました。それだけの種類の勉強を既に身につけていたのです。

でも、私はコーチングを選びました。

しかし、そのほかの資格に費やしたお金は、「死に金」だったのかというと、そうではありません。あらゆるものをやってみて初めて、「やっぱり自分にはコレ！」というのが理解できましたし、ブログの記事の振り幅が広がったり、作家になれたのも、多くのインプットをしていたおかげだとも感じています。

また、もともと人間ウォッチングが趣味でしたが、その経験を理論的に分析できるようになりましたし、心理学的な根拠を理解することで、人の人生というものを色々な視点から見つめることができるようになりました。

これらの一連の活動は、私自身の人間としての厚み、深さをつくり上げてくれたように思います。初めは二次元で広く浅く、大きく広げようとしていたものが、ある時から一つズレた視点を掘り下げることができ、三次元になっていったように感じています。

今思えばコーチングを選んだ理由は、自分がコーチングを受けて、とてもワクワクし、面白かったから。そこに徹底的にエネルギーを集中させたからだと思います。

でも、もしもそのとき「この職業のほうがお金が入るかな」とか「せっかく資格があるんだから全部生かせないともったいない」などというような損得勘定で判断していたら、直感が鈍ってしまったと思います。

お金を生かす使い方とは、自分や他の人、地域社会を幸福にする使い方です。そういう使い方というのは、まわりにも貢献していることになりますので、精神的な満足感であったり、金銭的なリターンであったり、必ず自分にとって得られるものがあるのです。

一生懸命働いて得たお金を無駄遣いして「死に金」にすることのないように、しっかり倹約しながら、ここぞという時のためにとっておくこと。そして、時がきたら「生き金」として気持ちよく使うこと。そのためにも、自分の生き方、目標に沿ったお金のプランを設計しましょう。

そして、最後にお金を使うことに関して、これだけはお伝えしたいことがあります。とても重要なことです。

それは、自分の元から出ていくお金たちに負の感情を乗せないこと。

お金という対価を支払って手に入れた物は、商品であれ、情報であれ、資格であれ、満足感であれ、必ず喜んで受けること。

そしてお金を送り出す時には、そのフィーを受ける人々に感謝の気持ちを乗せること。そうしているうちに、「生き金」として使っている自覚が生まれ、お金を使うことに対する罪悪感がなくなっていくことでしょう。

WORK 9

どんな自己投資をしたいですか？
いくつでも手帳に書いてください。
具体的にどれから始めますか？

10章

「悪い習慣」と縁を切る

もしかしたら
「やめたい」と思っていることを
きっかけがないまま
ずるずると続けていたり、
「本当はやりたくない」
と思っている事を
まわりの目を気にしてやめられない、
ということはありませんか?
本当はやりたくないこと、
本音ではやめたいことを整理して、
やめるための動機付けを
学びます。

「自分データ」をとって、プログラムを書き換える

この章のテーマは「悪い習慣を断つ方法」についてです。

私たちの生活というのは、「習慣」に支配されています。「習慣」とは、無意識にやっていること。この「習慣の力」を最大限に使うことが本書の肝です。

いい習慣を身につけたり、悪い習慣をやめる方法は、ネットにも多くの情報があります。たとえば今の悪い習慣を引き算するようにやめることで、自分の本質に迫るようすすめるものや、断る力を身につけることなど、色々な方法があります。

ただ、今までうまくいっていたはずの習慣がある日突然崩れてしまった場合にどうしたらいいのかや、やめたいのにやめられない悪い習慣から抜け出せなくて前に進めない場合にどう対処したらいいのかが、あまり扱われていないように思いますので、この本ではそこを解説していきます。

習慣に関して、私がお伝えしたいことは二つあります。

一つ目は、今のいい習慣を継続するためにできることは何か。

そして二つ目は悪い習慣をやめるためにできることは何かということです。

結論から申し上げますと、それはとても簡単なこと。「データ化」です。データ化とは自分のこれまでの傾向やパターンなどの記録を残しておく、ということです。

データ化がなぜいいのかというと、うまくいっている時とうまくいかない時、継続してきたパターンが崩れる時というのが一目でわかるからです。

データ化をしないと、いつまでたっても新しい習慣が定着しなかったり、やる気がなくなってしまうことにもなりかねません。

物事を深く考えるのが面倒なこともあるかもしれませんが、そういう理由だけで放置するほど、あなたの人生は無価値なものではありません。面倒だと思っているうちに寿命がきたらもう取り返せないのです。

自分の人生は何よりも大切なものであるはず。諦めたり投げやりになったりせずに、一つ一つの障害を乗り越えて、人生を最適化させてほしいと思います。

新しい習慣が続かなかった時のパターンを書いておく

では、一つ目のよい習慣を継続するために、データ化がどのように役立つのかをお話ししていきましょう。

たとえばジョギングの習慣を身につけようと思って始めたのに、数日しか続かない、数日するといつのまにかやらなくなっているということがあったとします。

この場合、継続させるために必要なことは、「なんとなくやらなくなる時の兆候は何だったのか」を考えることです。すると、「疲れがたまって面倒になった」とか、「月イチのイベントに出た日にできなくて、そこからリズムが壊れてしまった」とか、「面白いテレビ番組に夢中になってしまってできなかった日があった」などの理由がわかります。

この兆候が自分にとっての障害なので、次にジョギングの習慣を再開した時は、この障害のポイントを意識するようにします。この場合ですと、疲れていると感じた日は早めに帰って寝ておくとか、イベントがある日は早めに帰るとか、テレビは録画予約をしておく、といった方法が考えられます。

または、過去に十日以上ジョギングが続けられた日があったとしたら、なぜその時は長続きしたのかを考えます。これが突破口になるかもしれません。お気に入りのウエアを買って、着るのが楽しかったからとか、お気に入りの音楽を用意しておいたから、等の理由があるかもしれません。

このように、過去の成功事例や、考えられる対応策を考えておくと、実際に障害が発生しそうになった時に対応しやすくなります。

新しいパターンに書き換えるために必要なこと

ここで、私のコーチングの後に新しい習慣を身につけた方の事例をご紹介します。

Mさんは、痩せることを目標にして自分で立てたダイエットメニューに取り組みました。毎月私の課題の質問に答えて色々と書き出していくうちに、自分の傾向がわかってきたようです。

彼女の傾向とは次のようなものでした。

「過去のダイエットを振り返ってみた時に、毎回2キロ痩せた時点で、油断が始まっている」

「3キロ痩せると安心してウォーキングをなまけ始めている」

これが彼女の過去データです。

ここまでわかれば危険ゾーンが見えますので、対応策も考えられます。それで彼女は、この2キロから3キロの減量ポイントを「何があってもウォーキングを続ける」と言い聞かせ続けることで、乗り切ったのです。結果的に彼女は7キロ近くの減量に成功し、現在でもリバウンドはしていません。

このように、今までの悪いプログラムを新しいプログラムに書き換えることができると、またいつかリバウンドしてしまうことがあるとしても、すぐに戻せるようになります。

これは「パターンの中断」とも呼ばれていますが、今までの悪いプログラムをやめて新しいプログラムに書き換えることで、セルフイメージも変わっていくのです。

やりとげた自分に自信も出るので、**習慣を使いこなすことはマインドにも**

影響が出るほど大きな成果を生みます。

悪い習慣には「前触れ」がある

ではもう一つ、悪い習慣をやめるためのデータ化について考えてみましょう。

悪い習慣については、あなたもご存じの通りです。「やめたいのにやめられない」、この繰り返しですよね。

最初に申し上げておきますが、悪い習慣の代名詞としてあげられるタバコですが、これは健康面で見れば明らかに悪い習慣ではあるのですが、生き方として考えた時には必ずしも悪い習慣とは言えません。

たとえば、私が以前勤めていた会社には、「タバコが吸えないくらいなら死んだほうがいい」という人がいました。タバコがないと間がもたない、そわそわして、イライラして、リズムが狂ってしまう……そういう人にとっては、現時点では悪い習慣とは呼べません。

もしかして病気になってしまって、医者から「今すぐやめなさい」と言われたとしたら、その時初めて悪い習慣に位置づけられるわけです。これは価値観の問題です。人生のどこに価値を置くかによって、いい悪いは決まりますので、一般的な常識では考えないこと。あくまでもあなたにとっていい習慣なのか、悪い習慣なのか、自分だけの価値観でご判断いただければと思います。

そして、悪い習慣だとわかった時には、やめるためにもデータ化をしましょう。**悪い習慣を行ってしまう直前には、必ずその原因、理由が発生しています。**

人は、不安やストレスなどのマイナスの感情を抱いた時に、心のバランスをとろうとして、悪い習慣を行うことがあります。

また逆にそのストレスから解放された時に、安心して悪い習慣を行うこともあります。ですから、その原因となっているものが何なのかを、最初に見極める必要があります。

たとえば、頼まれごとをついつい引き受けてしまうとか、お酒を飲みすぎてしまうとか、夜遅くに間食してしまうとか、タバコの本数が増えるとか、テレビやネットで時間をダラダラ過ごすことなど、悪い習慣をする時には必ず何か原因があるのです。

多くの人は、次の日に何も予定がないという解放感を味わいたいからとか、嫌な人に会ってイライラしたからとか、人前で話すプレッシャーから逃れたいからとか、何らかのストレスから逃げたい理由があります。そのような原因がわかったら、次に過去に悪い習慣を行わずにすんだ経験がないか思い出してみます。

早めに家に帰ってゆっくりお風呂に入った時は、間食せずにそのまま寝られたかもしれません。友だちとの予定を次の日の朝から入れておいたら、前の夜はダラダラせずにすんだかもしれません。あまりにも自分が忙しかった時には、躊躇《ちゅうちょ》なく頼まれごとを断ることができたかもしれません。そういう過去の成功事例を思い出せたなら、それを記録します。

そして、あらかじめ考えておいた対応策と共に、その成功事例を行うようにします。するると、悪い習慣のパターンを中断できる可能性がグッと高まるのです。これを続けていけば、新しいプログラムに書き換えることができるようになります。

「気分がよくなる習慣」なら続けられる

私の場合は、以前は部屋を片付けてもすぐに汚くなる、という悪い習慣がありました。まったく片付けないわけではなくて、片付けても「綺麗をキープできなかった」のです。そこでデータをとってみました。見えてきたのは、「使った物が三個以上たまると、そのまま放置している」という傾向。

そして、綺麗がキープできている時は、使った物をすぐに片付けているか、二個以内のうちに片付けていた時だったのです。しかし、物が三個以上になるのを境に、そのまま片付けることなく散らかっていくということがわかったのです。

それがわかったら対処方法は簡単です。使ったらすぐにその物をあるべき場所に戻す、または二個以上は放置しない、夜寝る前はテーブルに何も置かない状態にする、洗い物はスプーン一本でもためない、等を徹底的に実行しました。

部屋が綺麗だと気持ちのいいものです。そして、人は気持ちのいいことは続くのです。あとは、片付けられなくなる境界線を超えなければいいだけ。ですから、過去のデータに基づき境界線を意識することで、あんなに片付けが下手だった私が、今は別人のように綺麗に片付けられるようになりました。

習慣の落とし穴というのは、弱点や盲点に気づきにくいということです。そもそも無意識でやっていることなので、問題意識さえないというケースがとても多いのです。

ですから、自分の行動一つ一つのプロセスを見つめ直してみて、改善の余地はあるか向き合ってみると、毎日が大きく変わります。

WORK
10

あなたがやめたいと思っている習慣は何ですか？
その決心がゆらぐのは、どの地点ですか？
その地点を乗り越えるためにできることは何ですか？

11章

「自分のやりたいこと」を見つめ直す

あなたの人生の目的や使命は
なんでしょうか？
使命が明確になると、
困難な状況や苦難を乗り越えることが
容易になります。
人生、無駄なことは何一つ起きません。
それは、あなたがこの世に生を受けた
理由に関係するからです。
あなたのミッションを探す、
重要な質問を
準備しています。

「どう生きるか？」は自分で決められる

この章のテーマは「人生のミッションを考える」ことです。

あなたの人生の目的や使命は何でしょうか？

自己啓発を学ぶと、「夢や目標を持ったほうがいい」とよく言われます。でも、そんな簡単に思いつかないという人も少なくありません。

実際に私の身近な人にも、「夢や目標なんてない」と言う人もいますし、特にそういうことを求めていない人もたくさんいます。だからといって彼らが不幸なのかというと、そうではありません。特に大きな夢や目標がなくても、幸せだという人はたくさんいます。逆に、夢や目標があっても、あまり幸せではない人もいます。

じゃあ、結局ミッションって大事なの？ 大事じゃないの？ と思いますよね。

ポイントは、心が自由な状態にあるかどうかということです。

これからの説明は、夢や目標、人生の目的、使命という言葉を、「ミッション」という一語に統一してご説明していきますね。

では、「心が自由な状態」というのは、どういうことでしょうか?

- 自分の人生は自己責任であると自覚していること
- 今自分が置かれている状況は、すべて自分の選択と決定によってつくられてきたと理解していること
- 自分が望めばどんな自分にもなることができて、自分は無限の可能性に満ち溢れていると知っていること

これらを本気で理解できているということです。偏見や思い込みなく、これらを信じることができて初めて「心が自由な状態」ということができます。

その上でのミッションなのです。

これらを本気で理解できていると、自分のまわりがどんなに夢を壊そうとする人ばかりだとしても、気にならなくなります。

どうしても身近にいる夢を壊そうとする人と離れるのが難しいと思えても、引っ越すことも転職することもできますし、付き合う人も環境もいくらでも変えられるのですから、他人の言うことをいちいち真に受けて一喜一憂することも減らせるのです。

自分の可能性を信じて、自分にとっていちばんいい環境をつくった上で、本当にやりたいことに取り組んでいきましょう。

さて、それでは、どのようにしたら自分の「本当にやりたいこと」を知ることができるでしょうか?

「物」ではなく、「心」を満たすものを知る

たとえばあなたが、ロト6の一等に当選して4億円を手に入れたと想像してみてください。その瞬間から、お金で実現できることは、ほとんど何でもできるようになりました。

欲しい家、車、家具、電化製品、旅行、食事、宝石、ブランド物、思いつくものは

何でも手に入れることができます。今まで我慢してきたものを、お金を気にすることなく自由に手に入れることができるようになりました。もちろん仕事も必要ないわけですから、時間もたっぷりあります。

家族や恋人と美味しい物をたくさん食べたり、一緒に海外旅行に行ったり、毎日楽しい時間を過ごすことができます。思いつくことは全部やりたくなるでしょう。

そして、ここからはリアルに想像していただきたいのですが、**欲しい物をすべて手に入れてしまった後、あなたに残る大切な物は何でしょうか？**

物欲というのは、私たちの人生で大きな悩みの原因になることがあります。そういったものが、執着や、抑圧された状態を生むことで、より一層自分のコア（信念や価値観）となっているものを見えづらくしてしまうのです。

ですが、**物欲がある程度満たされた時は、目の前のモヤになっていたものが消えて、本質に立ち返りやすくなります。**

やっぱり家族が自分にとって一番大事な存在だったとか、誰かに喜んでもらうことが好きだったとか、もっと勉強したいと思っていたとか、さまざまな本質が見えてきます。ここがあなたの原点、つまり、「やりたいこと」になります。こうしたことに気づくためにも、自分の心が自由な状態であることが必要です。

多くの人にとっての「幸せ」とは、ごく些細な普通のことだったりします。

家族や恋人とのんびり過ごすこと、彼らを喜ばせること、誰かのために何かをしてあげたり、誰かの成功に貢献して「ありがとう」と言ってもらえること、趣味に没頭すること……このように案外シンプルなことなのです。

ある日突然、超有名アーティストになって、全国ツアーで何万人もの観客の前で歌ったり、華やかな生活をしてメディアの注目を一気に集めたりということを望む人はほとんどいません。

突然そうなってしまっても、たいていの場合はガラス張りのようなプライベートのない生活にストレスを感じて、すぐに「あ〜静かな普通の生活に戻りたい」なんて思うものです。

そう考えた時に、自分の求めている物というのは、そんなに立派な物ではないことに気づくことでしょう。

大それたものでなくていいので、自分の求める「幸せ」は何かを考えてみてください。自分が幸福感や満足感を感じる状態はどんな時だったのかをゆっくり自分に問いかけてみましょう。

誰にも感謝されなくてもやりたいことは?

ミッションというのは、決して立派なものである必要はありません。

もっと身近なもので、素直な気持ちで、格好悪くてもやりたいことで、それをしている自分が好きな状態。それを見つけて実現するのが、私たちの人生の目的なのではないでしょうか。

ですから、「こうでなければならない」という思い込みを取っ払って考えることが大事です。誰かがあるやり方でうまくいっているように見えても、親が「こうしなさい」と言ってきたとしても、それはあくまでも他人のフィルターで見た世界観です。あなたに本当に合っているかどうかは、やってみなければわかりません。

また、何かに執着していたり、抑圧されたストレスがあるのに、人のために生きるというミッションなどありえないものです。

ミッションというのは、もしかしたら、まったくお金にならない、苦しい茨の道かもしれないのです。それでも一生をかけてやりたいと思うのはミッションだからです。

もし自分がやろうとしていることで他人から感謝されなかったらどうなるのか？

もし思うような成果が出なかったらどうなるのか？　そういう事態に直面した時には、自分の心が自由な状態でなければ耐え切れません。自分を見失ってしまうことにもなりかねません。

やっぱりあの人の言うことなんて聞かなければよかった、などという後悔は大きく人生をゆがめてしまいます。そのためにも自由な心で、「今の選択は自分で選んだのだ」ということを理解している必要があるのです。

その代わり、ミッションが見つかったら、遂行する時には満足感、幸福感、生きている実感を強く感じることができるものです。自分にとって大切にしたいものがしっかり見えている限り、ブレることはないからです。

私のコーチングも、メインテーマは「あなたはどう生きたいのか？　どうありたいのか？」というものです。私はよくクライアントさんに、「〇〇さんはどうしたいの？」と聞きます。

そして、答えに対して「もし誰にも感謝されなかったらどう？　それでもそれはやりたいこと？」とも聞きます。この質問は、本質を探るために大変有効ですので、ぜひご自分でもじっくり考えていただきたいと思います。

「自由な心」の手に入れ方

はじめにお話しした「夢や目標がなくても幸せな人」がなぜ幸せなのかは、もうお気づきかと思います。

そう、心が自由だからです。

夢や目標のような明確なものがなくても、自由に思い通りに生きているという実感があるので、幸せを感じられるのです。

「自分は自分の世界における唯一の神であり、今すぐにでも何にでもなれる、何でもできる」

「自分のやりたいこと」を見つめ直す

そう認識できた時に、人はしがらみや思い込みから自由になることができ、自分の本質に気づくことができます。

逆に、夢や目標があるのに苦しそうな人は、自分の人生を生きていないのです。

誰かが敷いたレールの上を走っていたり、他人の意見のままに、欲しくもない一位を目指したりして右往左往しているとしんどいわけです。

今回の話は、すべてを捨てて自由になれという話ではありませんし、自己中心的になって好き勝手にやったほうがいいという話でもありません。

私たちは他人との関係性の中で生きていますし、日本の文化は、国や地域、会社、家族、友人など、コミュニティーを意識して生活するスタイルなので、欧米のような個人プレーで成立する文化とはまた違います。

ですが、その中でも自分の本質を受け入れてくれる人々に出会った時に、自分の可能性は大きく変わってきます。

その過程で自分の本質、自分が人生で本当に求めているものが見つかった時に、私たちはもっともっと自由になっていくのです。

これを読んだことであなたの脳内ではアンテナが立ち、「自分はどうありたいか？どう生きていきたいか？」を考え始めたはずです。

あなたの脳はこれから、人生のミッションに関する答えを探していくことになります。その気持ちのまま、課題に取り組んでみてください。

WORK
11

あなたが人生の中で大切にしていることを
三つ書き出してみてください。

12章

毎日進化する自分になる

これからの人生を
いきいきと輝いて生きるための
総まとめになります。
ここでは「人生」や「生きる」ことを
テーマにお話しいたします。

目まぐるしく常識が変わる時代

私たちは年をとればとるほど柔軟な考え方を失っていく傾向にあります。「これが真理だ!」と思い込んだ瞬間、決まった視点からしか物事を見られなくなることもあります。

それは、当然ながら盲点をつくり出します。

盲点は、もしかしたら自分の機会損失につながるかもしれませんし、誰かの可能性を奪ってしまうことにもなりかねません。

私たちが生きている時代は、常識や物事の価値観の移り変わりがとても速い時代です。昨日まで信じられていたことが、明日になったらまったく違ってしまうこともあります。

たとえばメイクの世界では、数年前まではナノ化された化粧品、いわゆる「サイエンスコスメ」が脚光を浴びていましたが、最近は吸収力が強すぎると肌の力が落ちるということで、より天然素材に近いものが注目を浴びるようになりました。数年でコスメ業界の常識がガラリと変わったのです。

また、心理学や脳科学もどんどん進歩しているので、必要な人は常に新しい情報を取り入れなければなりません。こういうスピードについていくには、自分の価値観にこだわりすぎない柔軟性が必要になってきます。

「本当にそうなの？」で思い込みに気づく

これは、私たちが信じている価値観、倫理観、人生観にも当てはまります。

自分がふだん人に主張していること、常々思っていることは本当に正しいのか？もしかしたら、もっといい道があるのではないか？ というように、時々見直してみる必要があります。これによって自分の盲点をなくし、柔軟な考え方を得られると同時に人生をよりいい方向へ進化させてくれるのです。

そのために、定期的に「なぜ自分はそう思っているのか？」「本当にそうなのか？」と自問してみることが大切です。

たとえば、「〇〇さんにはこの仕事をまかせられない」という思い込みがあるとします。この思い込みに対して、「なぜそう思っているのか？」「本当にそうなのか？」という自問をしてみます。

- なぜそう思っているのか？　↓　彼は大雑把だし、結局自分がチェックすることになるから
- 本当にそうなのか？　↓　今までの彼の行動を見ていると、そう思う
- なぜそう思っているのか？　↓　自分のほうが間違わないし、正しい決定ができるから
- 本当にそうなのか？　↓　もしかしたら、自分も間違っている可能性もあるし、彼も成長したかもしれない

このように、質問を繰り返すうちに、自分のエゴでそう思っているのかもしれない

とか、いつの間にか「自分が一番正しい」という思い込みにとらわれているのかもしれないという「信念のゆがみ」に気づくことができます。

もう一つたとえを考えてみましょう。

「ネガティブな人とは付き合わない」という思い込みについて、同じ質問を繰り返してみましょう。

- なぜそう思っているのか？　↓　彼らはグチばっかり言っていて一緒にいると疲れるから
- 本当にそうなのか？　↓　彼らの感謝のない態度を見ていてそう思う
- なぜそう思っているのか？　↓　自分の昔を思い出すようで嫌な気持ちになる
- 本当にそうなのか？　↓　もしかしたら、自分の中のネガティブな部分と向き合いたくないからかもしれない
- なぜそう思っているのか？　↓　その過去がトラウマだから、思い出し

たくないのかも

このように自問を繰り返すと、別の原因に気づくことがあります。この場合は過去のトラウマでしたが、なかには自分の中の差別的な感情に気づく場合もあります。

自問によって自分の思い込みがゆらいできたら、「チャンス」と思いましょう。この時にこそ、人は変化することができるからです。

最初の例でいうと、「○○さんにはこの仕事をまかせられない」という思い込みがありました。でも、自問を繰り返すうちにそれは自分のエゴなのかもしれないということに気づきました。

そこで、「もしかしたら、○○さんにまかせてもうまくいくかもしれない」と思うことができるかもしれません。それがもし成功すれば、あなたの信念は一つ書き換えられて、いい方向に変化したことになります。

私たちの中には、たくさんの思い込みがあります。どうせ無理だと思っていること、できないと思っていること、バカにされているように感じること、誰かに見られているように感じること……。自分がこうだと思っていることというのは、時折見直してみることで違う視点が生まれることがあります。そこに変化のチャンスが隠れていることがあるのです。

時々「進路」を確かめる

では次に、時折自分の現状を見直すことの重要性について考えてみましょう。これは、私たちが人生という大海原を進んでいく上で、大事なポイントになります。

私たちの人生をボートにたとえて考えてみましょう。

湖などでレンタルできる、あの手漕ぎのボートを想像してみてください。

ボートというのは進行方向に背を向けて、オールを漕ぎます。そこでもし私たちががむしゃらにオールを漕ぐあまり、進む方向を確かめないとしたらどうなるでしょうか？　岸にぶつかったり、他の人の船にぶつかったり、目的地には程遠いところへ行ってしまうかもしれません。

でも、通常の場合は、時々左右を確認したり、後ろを振り返って進行方向が目的地のほうを向いているかどうかを確認すれば、進路を誤らずにすみます。

私たちの人生も同じです。

何かの区切りの時に、自分が今どの辺にいるのかを見直して、ゴールとずれていないか確認することが重要です。

何かの記念日、月の初めや終わり、年の初めや終わり、新月など、何かのタイミングで気分をリセットさせ、自分を改めて見つめる時間をつくりましょう。

小さな見直しで大きく成長できる

小さな支流がやがて大河になっていくように、私たちの小さな変化は、やがて大きな成長へとつながっていきます。

小さな変化というのは、私たちの生活に大した影響を及ぼさないように見えるかもしれませんし、自分でも変わっている実感が少ないかもしれません。しかし本書の冒頭で出てきた、大きなタンカーにある小さなトリムタブを思い出してください。

定期的な見直しによる進路調整というのは、私たちの思考に化学反応を起こし、いつのまにか変わっていたという状況をつくり出してくれます。

私たちが見ている世界というのは、私たちの脳内のフィルターによってつくり出された遊園地のようなものです。その遊園地がメルヘンチックなのか、ジェットコースターだらけなのか、お化け屋敷だらけなのかは、人によって違います。

ただ、その遊園地はいくらでもアップデートできて、自分が一番心地いい世界につくり上げることができるという点は、すべての人に共通しています。時には、古いアトラクションを壊して撤去し、新しいアトラクションを設置したり、新しいジャンルに挑戦してみましょう。もっと楽しい遊園地になるよう進化し続けましょう。

ミュージシャンのスガシカオさんは彼の楽曲の中で、「未来」という言葉について、「誰も知らない世界へ向かっていく勇気」と表現しています。

変化には時々痛みが伴うことがあります。決断には勇気がいることもあります。

でも、その一歩を踏み出す人だけが、次の世界を見ることができます。

キラキラした魅力というのは、脳の構造上、未来を向いている時に生まれます。

旧態依然とした保守的な政治家に誰も魅力を感じないのと同様、未来へのビジョンを持つ態度は、まわりの人をも引き付ける魅力になっていきます。

一緒に、これからも進歩し続けてまいりましょう。

WORK
12

自分にあるマイナスの思い込みをあげてみてください。
なぜそう思っているか？　本当にそうなのか？
理由を書いてみてください。

おわりに

いつからでも、何でもできる！

48歳の誕生日を前に、私は大型バイクの免許をとりました。

10代の若者に混ざって、48歳で、腕力もなく、身長も低い女が教習所に通ったのです。

最初は、本当につらかったです。何度も転びました。転ぶとバイクも倒れるわけで、250キロのバイクを自分で起こさなければなりません。自分の非力さを改めて感じ、正直老化も感じてへこみました。

それでも、憧れのハーレーに乗りたいという単純な動機、「自分だけのワクワク」にしたがって教習所に通い続け、まずは中型バイクの免許をとり、間髪いれずに大型免許にチャレンジして、卒検まですべてストレートで取得しました。

自分が「やりたい！」と思ったことを、可能な限り、命ある限り、後悔なきよう、手を出してみる。飽きたらやめるけど、飽きるまでやってみる。

色々な方に日々コーチングでお伝えしていることですが、自分でも挑戦してみることで、また私は多くのことを学び、そして新たな人生の楽しみを見つけることができました。

いつもの友人が離れていったら変化の兆し

この本を読んでくださったみなさまは、もしかしたら「友だちの総入れ替え」を経験するかもしれません。私はその道を通りました。

集まるたびに人の悪口、不平不満、くだらないうわさ話、グチ、グチ、グチ……。「そんなにイヤならやめればいいのに」と相手に対して思った時に、「あ、自分がやめればいいいんだ！」と思ったのがきっかけで、自分で友人たちから離れました。

もちろん、その中には気の合ういい友人もいました。しかし、友人たちの多くはある種のコミュニティを通じた仲間だったことからほぼ全員がつながっていたので、コミュニティごと一切のつながりをやめたのです。

人が集まって集団が大きくなると、リーダー的な人ができてしまいます。もっとそのコミュニティが大きくなると教祖的な存在が現れます。そうなると、自信のない人なら人と違うことを恐れて意見が言えなくなったり、教祖的な人に迎合するようになってしまいます。日本人のもともとの傾向が和を大切にするため、「みんなと同じ」という同調圧力が加速して、そのうち思考停止になってしまうのです。

でもこの本を読んでいる人ならきっと大丈夫。友人たちのほうから勝手に引いていってくれるでしょう（笑）。

というのも、実は私もこれまで何度も友人たちから引かれたことがあったからです。世間一般の常識である「負の感情を持つのはよくない」「人とのご縁は大切に（縁を切る等は御法度という意味で）」「ギブ&テイクが何より大事」「行きたくない所でも、義理があるなら行かなきゃならない」など。

これらと真逆のことをしている私は、「あなたみたいな生き方、世間に通じるわけないでしょ？　自分のしたいことだけして、したくないことはしないなんて、ただのワガママでしょ？」と言われることが多々ありました。

今は、そういう人とは付き合わないので、たとえ私にそう思って腹を立てている人がいたとしても、その情報は入ってこないのでわかりません。

でも、思っている人はいるはずです。当然です。私がおすすめしていることは、世間一般の常識とは逆のこともあるからです。

そういう生き方をしている私の拙著をお読みいただいている方も、きっとまわりの人から腹を立てられたり、ジャッジされたりすることがあると思います。

なかには、私のブログや本を読んでいることを「隠れキリシタン」のように友人に隠している人もいます。

たとえば、「食についての学びのセミナーに行った！」とFacebookに書くことはできても、「ワタナベ薫のセミナーに行った」とは書けない人もいます。自己啓発の世界を恥ずかしいと思うのです。人にどう思われるか気にして生きているのです。

ただ、自分のいるステージが変わると、付き合う人も変わります。

または、付き合う人が変わると、自分のステージが変わることもあります。

ステージなどという言葉を使うと、上下があるように聞こえるかもしれませんが、私が言うステージというのは、演劇の舞台が変わるような感覚。キャッツのミュージカルが上で、ライオンキングは下なんてことはなく、ステージの違いは「違うミュージカルの演目」というだけです。

私たちのステージも、変わるだけ。言い換えれば、自分の世界観が変わる、という意味でステージが変わるのです。

たとえば、お金がどんどん入ってきた！　でも、仕事のしすぎで体を壊している、家族との時間も自分の遊びの時間もとれない、何のために仕事しているかわからない、という環境ではライフクオリティが上がったとは言えません。

お金や成功ではかれない、自分だけがわかる人生の充足感を大切にした生き方にシフトするからこそ、不自由に生きている友人たちから腹を立てられるのです。

「ありのまま」はやめて、変わっていこう！

本書をお読みになり、自分に変化が起きてくると、友人との波動が違って何か言われたり、非難されたり、腹を立てられることはきっとあるでしょう。

でも、大丈夫。それは、ステージが違ってきた証拠ということをお知らせしたいと思います。

前はその人と一緒にいると居心地がよかったのに、今は違和感を覚えたり、無理している自分がいることに気づいたなら、喜びましょう。

人は、「変わらないでいる部分」と「どんどん変わっていく部分」の二つがあるからです。

変わりたくない部分は大切にしつつも、自分の価値観や信念、または興味の対象も変化していくのは自然なことです。

「ありのまま〜、そのままでいいんだよ〜」などの優しいスピリチュアルもありますが、私は変わってもいいと思います。

むしろ変わらなければいけない部分は、すべての方が持っているのではないでしょうか。

私なんて変わらなければならないところがたくさんあるせいで、自分もどんどん変化していると実感しています。だから、今は自由で生きやすい人生であり、いい意味で他人の目を気にしないで、48歳で大型バイクの免許取得に挑戦したりしながら、伸び伸びと生きることができるようになったのです。変わってよかったのです。

あなたも、ぜひ自分に起きている変化に気づいてください。

その最初の変化は、まわりの人々の反応の変化に現れるはずです。

今、自分が変化しつつあるのだということを理解し、あなたがあなたらしくいられる選択をすれば、今後は今までとは違って、今の自分と似たような波動を持つ人々があなたに引き寄せられ、新しい交友関係が広がるようになります。

そうなった時こそ、新しい世界が待っています。

自分の内側の感覚に調和した行動をとると、ミラクルが起きます（本当はミラクルじゃなくて法則なんですけどね）。

自分の人生は自分のもの。そして、自分で形づくるもの。それによって、あなたのライフクオリティはもっともっとアップしていくことでしょう。
この本を手に取られたすべての方が、ご自身の人生を謳歌していかれることを願っております。

ワタナベ薫

ワタナベ薫

Watanabe Kaoru

1967年生まれ。仙台在住。株式会社WJプロダクツ代表取締役。美容、健康、メンタル、自己啓発、成功哲学など、女性が内面外面からキレイになる方法を、独自の目線で分析して配信しているメンタルコーチ。20代は月10万円の極貧生活、30歳で離婚、39歳で流産という苦しい経験をするが、2006年から始めたブログで1日に9万人が訪問するカリスマ人気ブロガーになる。過去の経験から得た綺麗事だけではないメッセージが、「ワタナベ節」として幅広い年齢層の女性の支持を集める。自身が所属する美容ブログのカテゴリでは、8年連続人気№1であり、美容グッズ、化粧品、健康食品などの人気度に影響を及ぼす人物の一人でもある。著書に、『1週間で美人に魅せる女の磨き方』（かんき出版）、『人生が思い通りになる「シンプル生活」』（マガジンハウス）、『自分を変えるレッスン』（小社）などがある。

＊ブログ　美人になる方法

http://ameblo.jp/wjproducts1/

＊株式会社　WJプロダクツ

http://wjproducts.jp/

人生《じんせい》の質《しつ》を高《たか》める12の習慣《しゅうかん》
ライフクオリティ向上《こうじょう》プログラム

二〇一五年　八月一五日　第一刷発行
二〇一五年　九月　一日　第二刷発行

著者　ワタナベ薫《かおる》

発行者　佐藤靖

発行所　大和《だいわ》書房
東京都文京区関口一―三三―四
電話〇三―三二〇三―四五一一

写真　amanaimages

ブックデザイン　永井亜矢子（陽々舎）

本文印刷所　信毎書籍印刷

カバー印刷所　歩プロセス

製本所　ナショナル製本

ISBN978-4-479-78324-4

http://www.daiwashobo.co.jp